普及类古籍整理图书专项资助项目

汉魏六朝文精选

曹道衡　编选

凤凰出版社

图书在版编目（CIP）数据

汉魏六朝文精选 / 曹道衡编选. -- 南京 : 凤凰出版社, 2018.3
（名家视角丛书）
ISBN 978-7-5506-2722-2

Ⅰ. ①汉… Ⅱ. ①曹… Ⅲ. ①古典散文－散文集－中国－汉代②古典散文－散文集－中国－魏晋南北朝时代 Ⅳ. ①I263.4

中国版本图书馆CIP数据核字(2018)第036082号

书　　名	汉魏六朝文精选
编　　选	曹道衡
责任编辑	汪允普
装帧设计	徐　慧
出版发行	凤凰出版社(原江苏古籍出版社) 发行部电话025-83223462
出版社地址	南京市中央路165号,邮编:210009
出版社网址	http://www.fhcbs.com
照　　排	南京凯建图文制作有限公司
印　　刷	苏州市越洋印刷有限公司 苏州市吴中区南官渡路20号　邮编:215104
开　　本	850×1168毫米　1/32
印　　张	6.5
字　　数	140千字
版　　次	2018年3月第1版　2018年3月第1次印刷
标准书号	ISBN 978-7-5506-2722-2
定　　价	39.00元

(本书凡印装错误可向承印厂调换,电话:0512-68180638)

前 言

我国古代的文章选本，根据现有的记载，当以西晋杜预的《善文》为最早。但此书久已散佚，从《史记·李斯列传》集解说到佚名的《遗章邯书》“在《善文》中”看来，此书所选作品，上包秦楚之际，它是否还选录了战国或更早的作品，则无从考知。现今尚存的总集，则以梁萧统的《文选》为最早。《文选》所收的作品，不但有赋、有文，而且有诗，实际上包括了当时所有的文体。就《文选》所收的作品而论，辞赋虽上采屈宋，而散文则基本上自秦李斯的《谏逐客书》开始，其中唯一的一篇先秦文章是托名于孔子弟子卜子夏的《诗大序》，其实据现代多数学者研究，大抵认为此文是汉代人的作品。因此我们至少可以说，编选汉魏六朝文的工作，实际上从杜预已开始，中经挚虞的《文章流别集》、李充的《翰林论》，至《文选》的出现已经有了二百多年的历史。所以一般地说，收入《文选》的文章，在文学成就或文章学价值方面，都有较高的水平。

《文选》采录作品有它的特点，它基本上不收历来被视为“经”“史”“子”三部分典籍的文章。这是萧统在《文选序》中早已说明了的。关于他的选录标准，后人颇多非议。尽管这样，后来出现的选本，却大抵遵循着这个传统。例如：清人姚鼐的《古文辞类纂》，虽然对萧统提出过批评，并且从《战国策》和《汉书》等史籍中选录了不少文章，但《战国策》本是战国游说之士的文章总汇，而姚鼐所选《汉书》

中文字，也是收的史书中所载的单篇文章。至于“经”“史”“子”三部中有关本旨的篇目，他也没有加以删芟节选。所以总集的功能在于“以防放佚，使零篇残什，并有所归”（近人骆鸿凯《文选学》语），这大约是多数人的共识。

关于历来选本的编纂，虽然所录多为前人之作，但往往能体现出编选者的文学观，这是我们所熟知的。不过，从来的编选者都不可能任意决定他的文学观和选录标准。因为任何人的文学思想都不是凭空产生的，而是在吸取和改造前人学说的基础上形成的。具体到总集的编选来说，编选者对前人众多的作品究竟选录哪些？不选录哪些？这虽然由他的文学观来决定，但他的文学观本身却无法完全摆脱传统的影响。早在他文学观形成之前，他已从接受传统的过程中形成了某一类作品是好的，某一类是较差的；某些作品是名篇，某些则不是的想法。这种想法，有时在并无系统的文学观，甚至并不从事文学工作的人头脑中也会不自觉地存在着。例如：当我们提到古典诗歌时就想到屈原、陶渊明、李白、杜甫等人为伟大的典范；提到散文时就想到左丘明、司马迁、韩愈、柳宗元为杰出的代表。这些想法从唐宋元明清一直到今天，差不多都有类似的看法。不管人们的时代、社会地位和个人经历是如何不同，却都有不少共通之处。即使某些人主观上对历史上某些作家的创作倾向不太赞同，但在他们编纂的总集中也会选录其作品，这是出于对传统看法的尊重。如清人王士祯本是标榜“神韵说”，欣赏王维、孟浩然的诗，但在他编的《古诗选》中，也同时选录了李白、杜甫之作。从现存的许多诗文选本看来，其中所录作品往往有一半以上是相同的。这种情况，姑名之曰“传统的积淀”，这是编纂者必然受到的制约条件之一。

除了传统的影响外，时代的风气也是制约编纂者的一个重要因素，因为每一个人都生活在一定的时代，他们无不受当时思潮的影响。这种影响也对编选工作起着某种作用。事实上有许多选本，本身就是时代的产物。例如：自唐宋"古文运动"兴起以来，骈文虽在当时的公文中仍占一定的地位，但自宋至明所出现的选本，却大量地属于"唐宋派"的"古文"，只是到清代考证学兴起，《文选》重新得到重视之后，才会出现李兆洛《骈体文钞》那样的选本。事实上只要我们仔细地阅读各类选本，都会发现它们总是与当时文坛流行的思潮相配合的。这种时代风气的影响，有时甚至可以影响到具体作品的入选问题。例如："永明体"代表人物之一的王融，在《文选》中只取他的文而没有取他的诗。他的《古意》二首（"霜气下孟津""游禽暮知返"）只是见于《玉台新咏》。到了唐代，据日释空海《文镜秘府论》所载，认为"前篇则使气飞动，后篇则缘情宛密，可谓五言之警策，六义之眉首"，因此对《文选》的选录提出了批评。其实《文选》的作法，实际上代表了梁代前期文人的看法。例如钟嵘《诗品》说："元长（王融）、士章（刘绘），并有盛才。词美英净，至于五言之作，几乎尺有所短。譬应变将略，非武侯所长，未足以贬卧龙。"这和《文选》的作法显然相同。《玉台新咏》则出现于梁中期以后"新变体"兴起之后，所以观点又与《文选》《诗品》不同。这就是时代风气使然。在现存许多选本中，几乎每个时代总各有其特点。这也是无可否认的事实。

当然，不论哪一种选本，其选录标准总要决定于编选者的文学观和种种主观意图。古今无数选本所以千差万别，盖由于此。特别是有些选本，本是专为提倡某一种文风而编定的。例如清代姚鼐的《古文辞类纂》和李兆洛的《骈体文钞》产生的时代几乎相同，而编选的宗旨则截然不同。前者着重选录先秦西汉和唐宋以后所谓的“古文”，对魏晋六朝人的文章基本上弃之不顾。后者则上起秦汉，下迄六朝，基本上专取“骈四俪六”之文。这是因为在当时文坛上，确实存在着这两个文学派别。这两部选本在当时均属名著，各自造成过巨大的影响。但在我们今天看来，这两部书的价值，主要在于它们体现了清代中叶两大文派的主张，从而在文学批评史上占有一定的地位。但想通过这一部或那一部书来了解古代文章的发展概貌毕竟是困难的。因此这些选本就不能适应今天广大读者的要求。当然，古代也出现过一些态度比较客观，门户之见较少的选本，如清吴楚材的《古文观止》之类，它们在今天虽然还有一定的影响，但也存在着杂乱的缺点，受到不少人批评。

古人所编的选本，其编选目的还有一个重要的方面和今人不同，那就是他们编选本的目的不仅在于鉴赏其艺术成就，还有作为写作范本的用意。这是因为在“五四”运动以前，人们写文章，一般都用文言文。不论他们取法唐宋“古文”或齐梁骈文，都必然有一个实用的目的。因为当时不论官方或民间使用的应用文字，一律都要模仿唐宋或六朝。一些古人的文章，在今天看来，很难说有什么文学价值，例如《周礼》和《仪礼》中的一些文章，也被曾国藩选进了《经史百家杂钞》，就是这个原因。《古文辞类纂》和《骈体文钞》中都选录了不少诏令、奏议之类的应用文字。这些文章虽非全无文学价值，但对今天的读者，似难适用。

“五四”以来，也曾产生过不少古代文章的选本。即以汉魏六朝文的选本而论，也曾出现过几种。这几种选本比起古代选本来，有不少长处，那就是避免了门户之见，比较注重作品的文学价值。不过，这些选本的读者对象，一般是大学或高中程度的古典文学爱好者，因此比较注意选录篇幅较短，语言障碍较少的作品。这些选本无疑地各有其长处。

现在我们这本书的编选，当然要参考古今已有的选本，但由于出发点不同，因此在选目上也有所差别。本书编选的目的，在于尽可能地选录一些在思想上、艺术上价值都较高的作品，同时也想通过本书的选目，多少地反映出汉魏六朝文发展的大致情况。当然在选目上，也想多少表现一些和别人的选本有所不同。但限于编者自己的水平，要做到这些要求，也有不少困难。在西汉文方面，现在入选的文章，共有五篇，这五篇都是历来传诵的名作。西汉一代，曾被人们看作散文的黄金时代，可以入选的文章较多，限于篇幅，仅仅选了这些。从这些文章看来，基本上仍属散体，只是在文中偶而出现一些排句和对仗。这是骈文从散文中发展出来的征兆。所以这些作品在桐城派古文家看来是散文，在骈文家看来又是骈文。编者认为这里入选之作，也许较能代表西汉文的基本风貌。当然，西汉文中也有骈俪气息较重的文章，如邹阳的《狱中上梁王书》，曾遭到过桐城派的批评。但这种文章在西汉毕竟还占少数，所以没有入选。关于东汉文，则除了后期一些文人之作外，历来传诵的篇目不多。在这里，我们基本上选的也多属传诵名篇。对一般读者来说，马第伯的《封禅仪记》也许是比较陌生的。编者所以采纳这篇文章，主要是因为它可以说是山水游记之祖，写登泰山的人回顾后面的人一段，颇具特色。同时，它是东汉初年的文章，过去的人们选录这一时期的散文，往往选录班彪《王命论》一类文章。这些文章在文体上倒很能体现一些当时的文风，但内容不免迂腐，因此未加收录，而改为马第伯那篇文章。

关于三国文，本书对“三曹”之文，一共选了四篇。从文风上看，曹操之文还较近散体，曹丕、曹植之文，就骈化得明显多了。清人沈德潜在《古诗源》中说“孟德诗犹是汉音，子桓以下，纯乎魏响”，可见三国时代诗风和文风的发展确有其共同的现象。三国文章中出现了嵇康、向秀等人的一些论难文章，见解新颖，有一定的特色，但是在本书中并未选录。这是因为这些文章的内容都偏于专门的哲学问题，并非以文学性见长。同时，这些专门问题的讨论，不限于三国一代，晋朝鲍敬言的《无君论》、南朝范缜的《神灭论》，还有《弘明集》中不少文章，都很有名，如果入选，颇有收不胜收的问题，所以只好从略。

关于晋代的文章，本书入选的基本上也都是名篇，其中较少见于其他选本的只有一篇《钱神论》。此文的特点是以朴素明快见长。在风格上倒比较能代表西晋后期的文风。更主要的是这篇文章揭露了当时统治阶级的贪吝腐朽，历来被人们视为当时现实的写照，而“孔方兄”的说法，至今还在人们的口头流传。

关于南北朝文章，前人倒是比较重视的，所以曾产生过一些专门的选本，其中最有影响的要算清人许梿的《六朝文絜》。但它编选的目的，似乎着重于写骈文者取法，因此在这部选本中，对庾信的骈文，主要选录一些应用文字，而不取他的《哀江南赋序》。这似乎与历来读者的见解不同。在这个问题上,本书采取“从众”的原则。因为此文的文学价值毕竟比《六朝文絜》所收的一些谢启要高。但在对待徐陵的文章时,本书只选录他的《在齐与仆射杨遵彦书》,而没有选录历来传诵较广的《玉台新咏序》。这是因为《玉台新咏序》虽然辞藻绚丽,音节铿锵,但究其内容似较贫乏。《在齐与仆射杨遵彦书》则是一篇极好的外交辞令,文中连举北齐久留作者不遣的八种理由,一一加以驳斥,并且差不多处处用典,用得十分恰当。用骈四俪六的语言,写这等文字,写得这样有声有色,实在是很难得的。从前人评徐庾之文,认为徐陵的文章“逸而不遒”,比庾信逊色。现在看来,这种说法恐亦未必尽然。当然,就总的成就来说,徐陵还是难以和庾信并驾齐驱,但以骈文而论,“不遒”二字,施之《玉台新咏序》,似无不可,施之此文就未必确当了。除了徐陵此文外,本书还选录了刘孝标的《广绝交论》和卢思道的《劳生论》两篇文章,也是别的选本中较少入选的。这两篇刺世之文对当时士风的揭露,可谓入木三分。这种绝妙的文章,过去只因为篇幅较长,而不大得到选家的青睐。今天我们的新选本似乎没有必要过分地考虑篇幅,而主要看文章本身的思想内容和艺术成就,那么二文自在可选之列。

本书的体例,基本上和《名家视角》的其他分册一致,只是在注释部分,似引书较多。这是因为六朝骈文家作文,往往要化用前人的话,在注释中适当地注明一些出处,这对加深理解有一定好处。

本书中一部分篇章的注释和品评是由我的博士生吴先宁同志完成的,他取得博士学位后,仍继续钻研魏晋南北朝文学,因此请他协助。至于书的篇目,是由我选定的,由于时间仓促和我个人的水平,恐怕有不少失当之处,欢迎大家指正。

目　录

贾　谊(前200—前168)

洛阳(今河南洛阳市)人,因曾为长沙王太傅,故世称贾长沙。汉文帝初年,由洛阳太守吴公推荐,被召见,官至大中大夫。力主改革政制,因被权贵中伤,出为长沙王太傅、梁怀王太傅。梁怀王堕马死,贾谊认为是自己严重失职,郁郁自伤而死。他的政论文分析形势,陈述利害,内容充实,很具说服力。著有《新书》十卷。后人把他的所有作品辑为《贾长沙集》。

过秦论[①]

上

秦孝公据崤函之固,[②]拥雍州之地,[③]君臣固守,以窥周室,[④]有席卷天下、包举宇内、囊括四海之意,[⑤]并吞八荒之心。[⑥]当是时也,商君佐之,[⑦]内立法度,务耕织,修守战之具;[⑧]外连衡而斗诸侯。[⑨]于是秦人拱手而取西河之外。[⑩]

孝公既没,[⑪]惠文、武、昭襄王蒙故业,[⑫]因遗策,[⑬]南取汉中,西举巴、蜀,[⑭]东割膏腴之地,北收要害之郡。诸侯恐惧,同盟而谋弱秦,[⑮]不爱珍器重宝、肥饶之地,以致天下之士,[⑯]合从缔交,[⑰]相与为一。当此之时,齐有孟尝,赵有平原,楚有春申,魏有信陵。[⑱]此四君者,皆明智而忠信,宽厚而爱人,尊贤重士,约从离衡,[⑲]兼韩、魏、燕、赵、宋、卫、中山之众。[20]于是六国之士，有宁越、徐尚、苏秦、杜赫之属为之谋，齐明、周最、陈轸、召滑、楼缓、翟景、苏厉、乐毅之徒通其意，吴起、孙膑、带佗、倪良、王廖、田忌、廉颇、赵奢之朋制其兵。[21]尝以什倍之地、百万之众，仰关而攻秦。[22]秦人开关延敌，[23]九国之师逡巡而不敢进。[24]秦无亡矢遗镞之费，[25]而天下诸侯已困矣。于是从散约解，[26]争割地而赂秦。秦有余力而制其弊，追亡逐北，[27]伏尸百万，[28]流血漂橹。[29]因利乘便，宰割天下，分裂山河。强国请伏，弱国入朝。

施及孝文王、庄襄王，享国日浅，国家无事。[30]

及至始皇，[31]奋六世之余烈，[32]振长策而御宇内，[33]吞二周而亡诸侯，[34]履至尊而制六合，[35]执棰拊以鞭笞天下，[36]威振四海。南取百粤之地，以为桂林、象郡；百粤之君，俯首系颈，委命下吏。[37]乃使蒙恬北筑长城而守藩篱，[38]却匈奴七百余里；胡人不敢南下而牧马，士不敢弯弓而报怨。于是废先王之道，燔百家之言，以愚黔首。堕名城，杀豪俊，收天下之兵，[39]聚之咸阳，销锋镝，铸以为金人十二，以弱天下之民。然后践华为城，因河为池，据亿丈之高，临百尺之渊以为固。[40]良将劲弩，守要害之处；信臣精卒，[41]陈利兵而谁何！[42]天下已定，始皇之心，自以为关中之固，金城千里，子孙帝王万世之业也。[43]

始皇既没，余威振于殊俗。[44]然而陈涉，[45]瓮牖绳枢之子，氓隶之人，而迁徙之徒也。材能不及中人，[46]非有仲尼、墨翟之贤，[47]陶朱、猗顿之富。[48]蹑足行伍之间，俯起阡陌之中，[49]率疲弊之卒，将数百之众，转而攻秦。斩木为兵，揭竿为旗，天下云合响应，赢粮而景从，[50]山东豪杰并起而亡秦族矣。[51]

且夫天下非小弱也，雍州之地、崤函之固自若也。[52]陈涉之位，非尊于齐、楚、燕、赵、韩、魏、宋、卫、中山之君也；锄耰棘矜，[53]不敌于钩戟长铩也；[54]谪戍之众，非抗九国之师也；深谋远虑，行军用兵之道，非及曩时之士也。然而成败异变，功业相反也。[55]试使山东之国与陈涉度长絜大，[56]比权量力，则不可同年而语矣。然秦以区区之地致万乘之势，序八州而朝同列，[57]百有余年矣。然后以六合为家，[58]崤函为宫。一夫作难而七庙堕，[59]身死人手，为天下笑者，何也？仁心不施，而攻守之势异也。

【注释】

①过秦：分析指陈秦王朝所犯的过失、错误。 ②秦孝公：名渠梁，公元前361—前338年在位。崤函，即函谷关，关在西崤山谷中，深险如函，故名曰崤函。在今河南省灵宝西南。③雍州：包括今甘肃全省、陕西省大部、青海省部分地区。四面有河山之阻，为形势扼要之地。 ④窥：伺机攻取之意。周室：指衰弱的东周王朝。 ⑤席卷：像卷席一样卷走。包举：像打包一样打走。囊括：像袋装一样装走。囊，口袋。三句意谓兼并诸侯、统一天下。 ⑥八荒：四方最边远之地称“四荒”。东、西、南、北，再加东南、西南、西北、东北，合称“八方”。 ⑦商君：即商鞅。本卫之庶公子，故称卫鞅。西入秦，佐秦孝公变法，秦因以富强。后秦孝公以商於之地(今陕西省商州一带)封鞅，故号商鞅。 ⑧守战之具：即武器和军事用的工具。⑨连衡：又叫连横，战国时秦与东方之国齐、楚等自西至东联合以打击其他国家的一种外交策略。与此相对的是合纵，即东方各国北自燕、南至楚联合抗秦的策略。 ⑩拱手：合抱双手，形容轻易的样子。西河之外：指黄河以西广大土地。秦孝公二十二年商鞅率师攻魏，大破魏师，魏惠王献河西之地与秦求和。

⑪没：同殁。　⑫惠文、武、昭襄王：秦孝公以后秦的三代国王。蒙：继承。　⑬因：因袭、继承。　⑭巴、蜀：古国名，约当今四川、重庆一带。　⑮弱秦：削弱秦国。　⑯致：招致，吸引。　⑰合从：即合纵。　⑱赵国平原君赵胜、楚国春申君黄歇、魏国信陵君魏无忌、齐国孟尝君田文，号称战国四大公子，以收养宾客、招致人才著称。　⑲约从离衡：缔约合纵的约定，离散连横的各国。　⑳这句是列举参加合纵的各诸侯国。　㉑"于是"以下数句，系列举合纵各国的人才之盛。这些人的大多数，今已不知其事迹。为之谋，指谋略方面的人才；通其意，指外交方面的人才；制其兵，指军事方面的人才。　㉒仰关：关指函谷关。自下往上叫仰。　㉓延敌：迎击敌人。　㉔逡巡：徘徊不敢前的样子。　㉕亡矢遗镞：指丢失武器。亡、遗，都是丢失的意思。矢，箭；镞（zú），箭头。　㉖从散约解：合纵各国的联合解散。　㉗亡：逃跑。北：败退。　㉘伏尸百万：夸张的说法，极言死人之多。　㉙流血漂橹：流的血把盾牌也漂浮起来了，是夸张的说法。橹，大盾牌。　㉚这两句是说孝文、庄襄二王在位时间短，没有大的举措。　㉛始皇：即秦始皇（前259—前210），公元前246—前210年在位。　㉜六世：指秦孝公、惠文王、武王、昭襄王、孝文王、庄襄王。奋：振起，光大。余烈：遗留下来的功业。　㉝长策：长鞭。这句以牧马比喻始皇控制天下。　㉞二周：指西周、东周。　㉟履至尊：指登上皇位。履，登践。　㊱棰（chuí）：杖。拊（fǔ）：大棒。　㊲委命下吏：听命于秦的下级官吏。　㊳蒙恬（？—前210）：秦名将，秦统一后，他率兵三十万击退匈奴，并修筑长城。　㊴兵：兵器。史载始皇二十六年，把天下兵器集中到都城咸阳销毁，铸成十二个金人。始皇认为如此则人民无法反抗。　㊵践华：据守华山。因河：凭藉黄河。这是说始皇以华山和黄河作为都城的屏障。亿丈、百尺：都是极言城池之高深坚固。　㊶信臣：忠诚的大臣。㊷谁何：汉代有谁何卒，以据关喝问来人而得名。何，同呵。

㊸始皇在命令中曾说:“朕为始皇帝,后世以计数,二世、三世,至于万世,传之无穷。” ㊹殊俗:风俗特殊、与中原不同的边远地区。 ㊺陈涉:陈胜字涉,秦末农民起义领袖,秦二世元年(前209)他被征屯戍渔阳(今北京密云),同吴广在蕲县大泽乡发动同行戍卒九百人起义。因他出身雇农,又是戍卒,下文“瓮牖”数句即指此。瓮牖:以破瓮之口做的窗户。绳枢:用绳系着的门板。均指穷人家。氓:种田的人。隶:低贱的人。 ㊻材能:人材和能力。中人:中等的人。 ㊼仲尼:即孔子,他和墨翟各自创立的儒、墨学派,都是先秦的显学。 ㊽陶朱:范蠡号陶朱公,他和猗顿都以财富著名。㊾行(háng)伍:军队。阡陌:田野。都指陈涉的出身。 ㊿赢粮:带着粮食。赢,担负。景从:像影子一样跟着。景,同影。 51山东:秦汉时代以崤山或华山以东为山东,此泛指秦以外的六国领土。 52自若:像原来一样。 53耰(yōu):打土块的木棒。棘矜:用棘木做的杖。矜,古代也叫杖。 54铩:长矛类兵器。 55成败异变,功业相反:指六国终被秦所灭,而陈涉等领导的起义却胜利了。 56度长絜(xié)大:较量长短大小。絜,度量物的粗细叫絜。 57八州:中国古代分为九州,除秦地的雍州外,其余八州是:冀、豫、荆、扬、兖、徐、幽、营。同列:指本与秦同等地位的东方各国。序八州而朝同列,意即把诸侯各国都作为藩臣来对待,使他们承认秦为天下之主,都来朝拜。 58六合为家:意即把天下都作了秦的家产。六合,指四方上下。 59堕:毁废。七庙:帝王供奉七代祖先的祖庙,是皇朝存在的象征。

中

秦灭周祀,并海内,兼诸侯,南面称帝,以四海养。①

天下之士，斐然向风。[2]若是，何也？曰：近古之无王者久矣。周室卑微，[3]五霸既灭，令不行于天下。是以诸侯力政，[4]强凌弱，众暴寡，[5]兵革不休，士民罢弊。[6]今秦南面而王天下，是上有天子也。即元元之民冀得安其性命，莫不虚心而仰上。当此之时，专威定功，安危之本，在于此矣。

秦王怀贪鄙之心，[7]行自奋之智，[8]不信功臣，不亲士民，废王道而立私爱，焚文书而酷刑法，[9]先诈力而后仁义，[10]以暴虐为天下始。夫并兼者高诈力，安危者贵顺权，[11]推此言之，取与守不同术也。秦离战国而王天下，[12]其道不易，[13]其政不改，是其所以取之也；孤独而有之，[14]故其亡可立而待也。借使秦王论上世之事，并殷、周之迹，[15]以制御其政，后虽有淫骄之主，犹未有倾危之患也。故三王之建天下，[16]名号显美，[17]功业长久。

今秦二世立，天下莫不引领而观其政。[18]夫寒者利裋褐而饥者甘糟糠，天下嚣嚣，新主之资也。[19]此言劳民之易为政也。[20]向使二世有庸主之行而任忠贤，臣主一心而忧海内之患，缟素而正先帝之过；[21]裂地分民以封功臣之后，建国立君以礼天下；虚囹圄而免刑戮，[22]去收孥污秽之罪，[23]使各反其乡里；发仓廪，散财币，以振孤独穷困之士；轻赋少事，以佐百姓之急；约法省刑，以持其后，[24]使天下之人皆得自新，更节循行，[25]各慎其身；塞万民之望，[26]而以盛德与天下，[27]天下息矣。[28]即四海之内，皆欢然各自安乐其处，[29]惟恐有变。虽有狡害之民，无离上之心，[30]则不轨之臣无以饰其智，[31]而暴乱之奸弭矣。[32]二世不行此术，而重以无道[33]：坏宗庙与民，[34]更始作阿房之宫；[35]繁刑严诛，[36]吏治刻深；[37]赏罚不当，赋敛无度。天下多事，吏不能纪；[38]百姓困穷，而主不收恤。然后，奸伪并起，而上下相遁；[39]蒙罪者众，[40]刑戮相望于道，[41]而天下苦之。自群卿以下至于众庶，[42]人怀自危之心，亲处穷苦之实，咸不安其位，故易动也。[43]是以陈涉不用汤、武之贤，不借公侯之尊，奋臂于大泽，而天下响应者，其民危也。

故先王者见终始之变，知存亡之由。[44]是以牧之以道，[45]务在安之而已矣。[46]下虽有逆行之臣，必无响应之助。故曰"安民可与为义，而危民易与为非"，[47]此之谓也。贵为天子，富有四海，身在于戮者，正之非也。[48]是二世之过也。

【注释】

①以四海养：享有四海之意。养，取。 ②斐然：有文采的样子。 ③卑微：地位卑下，力量微弱。 ④力政：意谓诸侯各国以武力相征伐。政，同征。 ⑤暴：欺侮凌辱。 ⑥罢弊：困乏无力。罢，同疲。 ⑦贪鄙：欲望大而见解偏狭。 ⑧自矜个人的智力。 ⑨焚文书：指秦始皇三十四年焚书坑儒的措施。 ⑩先诈力而后仁义：以欺诈力征为先，把仁义抛在后面。 ⑪"夫并兼者"二句：意谓兼并的时代当然以诈力为高，在安危的关头就以顺应形势、衡量需要来制订政策为贵了。 ⑫离：除去。王（wàng）天下：统治天下而成为帝王。 ⑬易：变。 ⑭孤独而有之：意谓集天下大权于一人而统治。 ⑮并：比较。并殷周之迹，意谓比较考察殷周两代兴亡成败的史迹。 ⑯三王：指夏商周三代开国君主，即夏禹、商汤、周文、周武王。 ⑰显：引人注目。 ⑱引领：伸长脖子。 ⑲"夫寒者"三句：意谓冻寒之人只要能得到粗劣的衣服就会感到满足，饥馁之人只要能得到粗劣的食物就会感到满足；暴政下的人民，正像这些

冻寒饥馁之人一样，只要能显示一点仁政，就会感到满足，他们就正是新的执政者获得拥护的凭藉。裋(shù)：短袄。褐：粗劣的毛织衣料。　⑳劳民：疲劳痛苦之民。　㉑向：假使。缟(gǎo)素：白色织服，指丧服。正先帝之过：改正秦始皇种种虐害人民的措施。　㉒虚囹圄：让监狱空出来，即释放囚犯、宽容人民之意。　㉓去收孥污秽之罪：意即废除那些像一人犯法株连家族一类乱七八糟的刑律。收孥(nú)：指一人犯法收捕其子女。污秽：意谓乱七八糟。　㉔以持其后：指把上面所说的仁政措施坚持下去。　㉕更节循行：改变过去不合法度的做法，遵循良好的规范。　㉖塞：满足。　㉗与：施与。　㉘息：平和安定。　㉙安乐其处：对自己的处境感到满足快乐。　㉚狡害之民：狡惰害群、不服法令管束的人。离上之心：对统治者有离心的倾向。　㉛不轨之臣：不遵守法度的臣下。饰：装饰，伪装。　㉜弭：消失。　㉝重：加深，重复。　㉞坏：自行破坏。　㉟更始：又开始修建。阿房宫：是秦始皇三十五年开始修建的规模巨大的皇宫，发动了刑徒七十万人兴建，秦始皇死时尚未竣工。二世元年，下令继续修建。　㊱繁刑严诛：刑罚繁多，严厉杀戮。　㊲吏治刻深：官吏的统治非常苛酷细密。　㊳纪：约束，处理。　㊴奸伪并起：奸诈和欺骗的事件到处发生。上下相遁：上下级互相隐瞒逃避责任。　㊵蒙罪者众：被判处有罪的人非常多。　㊶刑戮相望于道：判刑及被杀的人在路上到处都有。　㊷群卿：指朝廷的官员。众庶：指老百姓。　㊸易动：容易受到煽动。　㊹先王：指古代的圣主，如商汤、周文等人。终始之变：事情发展变化的道理。存亡之由：兴旺和败亡的原因。　㊺牧之以道：用符合仁义的措施治理天下。牧，古代把统治人民叫牧。　㊻安之：使之安乐。之，指代人民。　㊼"安民"二句：概是当时成语。安民，安乐幸福的人民。危民，生活痛苦、人心思变的人民。　㊽正之非：纠正(秦始皇统治的弊害)有错误。

下

秦兼诸侯，山东三十余郡，循津关，据险塞，缮甲兵而守之。[①]然陈涉率散乱之众数百，奋臂大呼，不用弓戟之兵，锄櫌白梃，望屋而食，横行天下。[②]秦人阻险不守，关梁不闭，长戟不刺，强弩不射。[③]楚师深入，战于鸿门，曾无藩篱之难。[④]于是山东诸侯并起，豪俊相立。秦使章邯将而东征。章邯因其三军之众，要市于外，[⑤]以谋其上。群臣之不相信，可见于此矣。

子婴立，[⑥]遂不悟。[⑦]借使子婴有庸主之材，而仅得中佐，[⑧]山东虽乱，三秦之地可全而有，[⑨]宗庙之祀宜未绝也。秦地被山带河以为固，四塞之国也。自缪公以来至于秦王，[⑩]二十余君，常为诸侯雄。此岂世贤哉？其势居然也。且天下尝同心并力攻秦矣，然困于险阻而不能进者，岂勇力智慧不足哉？形不利，势不便。秦虽小邑，伐并大城，[⑪]得厄塞而守之。诸侯起于匹夫，以利会，非有素王之行也。[⑫]其交未亲，其民未附，名曰亡秦，其实利之也。[⑬]彼见秦阻之难犯，必退师。案士息民以待其弊，[⑭]收弱扶罢以令国君，[⑮]不患不得意于海内。贵为天子，富有四海，而身为禽者，[⑯]救败非也。[⑰]

秦王足己而不问，[⑱]遂过而不变。[⑲]二世受之，因而不改，[⑳]暴虐以重祸。子婴孤立无亲，危弱无辅。三主之惑，[㉑]终身不悟，亡不亦宜乎？[㉒]当此时也，世非无深谋远虑知化之士也，[㉓]然所以不敢尽忠拂过者，[㉔]秦俗多忌讳之禁也，忠言未卒于口，而身糜没矣。[㉕]故使天下之士倾耳而听，重足而立，阖口而不言。[26]是以三主失道，而忠臣不谏，智士不谋也。天下已乱，奸不上闻。岂不悲哉！先王知壅蔽之伤国也，[27]故置公卿、大夫、士，以饰法设刑而天下治。[28]其强也，禁暴诛乱而天下服；其弱也，五霸征而诸侯从；[29]其削也，内守外附而社稷存。故秦之盛也，繁法严刑而天下震；[30]及其衰也，百姓怨而海内叛矣。故周王序得其道，[31]千余载不绝，秦本末并失，故不能长。由是观之，安危之统相去远矣。[32]

鄙谚曰："前事之不忘，后事之师也。"是以君子为国，观之上古，验之当世，参之人事，察盛衰之理，审权势之宜，去就有序，[33]变化因时，[34]故旷日长久而社稷安矣。

【注释】

①"秦兼诸侯"以下数句：是概述秦统一天下后的形势。山东，指函谷关以东原属六国诸侯领土的地区，秦统一后把这些地区划分为三十余郡。甲兵，泛指武器。 ②"然陈涉"以下数句：是说陈涉的起义队伍没有组织、没有精良的武器、没有给养，却横行天下。散乱之众，指无组织的群众。弓戟之兵，指弓戟一类的武器。白梃，不加油漆的木棍。望屋而食，看到有房屋的地方就去吃饭，指起义队伍没有给养，需自己找饭吃。 ③"秦人"数句：是形容秦兵在起义队伍面前毫无抵抗的能力。 ④"楚师"数句：指项羽驻兵鸿门坡（今陕西省临潼东），与秦兵对抗事。藩篱之难，指篱笆墙那样的阻挡作用。 ⑤要市：即约市，指互相订立契约做买卖。这是指章邯得不到秦二世的信任（所以下文说"群臣之不相信"），故与项羽订立约定，"约共攻秦，分王其地"。 ⑥子婴：秦始皇孙，秦二世胡亥之兄子。秦二世三年被赵高立为秦王，在位四十六日，降于刘邦，后为项羽所杀。 ⑦遂不寤：终究没有觉醒。 ⑧中佐：有中等才能的

辅佐之臣。 ⑨三秦之地：指关中地区。秦亡，项羽封秦降将章邯、司马欣、董翳于此，三人之封地即合称三秦。 ⑩缪(mù)公：即秦穆公。秦王，即秦始皇。“秦地”以下数句，是从历史事实说明秦地之易守难攻。 ⑪“秦虽小邑”以下数句：是作者替子婴设想的守备之策。意谓把小邑并入大城，以抵制起义军的“望屋而食”，然后把守险要的关塞。厄，把守，堵住。 ⑫素王：指有德无位的人。“诸侯”数句：是指当时起义领袖都是普通人(匹夫)，仅以利害关系聚到一起，并没有圣贤般的声望和凝聚力。 ⑬“名曰”二句：指起义领袖名义上是要推翻秦的统治，其实是想要从中自利。 ⑭案士息民：案、息，都是安定的意思。士，指有政治和军事才能的知识分子。待其弊：等待他们疲弊而退兵。其，指起义军。 ⑮收弱扶罢：收容扶持疲弱的人民。罢，同疲。以令国君：指以政治实力使诸侯屈服，听从号令。 ⑯禽：同擒。 ⑰救败非也：指秦王子婴挽救败亡的措施有错误。 ⑱秦王：指秦始皇。足己：骄傲自满。不问：不征求臣下意见。 ⑲遂过：一直错误下去。 ⑳因而不改：因袭而不知改变。 ㉑三主：指上述始皇、二世、秦王子婴。㉒亡不亦宜乎：招致败亡不也是应该的吗。 ㉓知化之士：透彻认识形势的发展变化，并据以制定对策的人。 ㉔拂过：指出、批评主上的过错。 ㉕未卒于口：话尚未讲完。糜没：灭亡。㉖倾耳而听：侧着耳朵听。重足而立：双足叠起来站立，不敢行走。阖口而不言：闭着嘴不敢说话。这都是形容战战兢兢，畏祸惧刑的样子。 ㉗壅蔽：用土堵塞，用草遮住，比喻上下意见不得相通。 ㉘饰法设刑：整顿法度，建立刑事制度。饰，整饬。 ㉙五霸：指春秋时代的齐桓公、晋文公、秦穆公、宋襄王、楚庄王。当周王朝衰落，无力解决诸侯间纷争时，由这五位霸主持征伐，故曰“五霸征”。 ㉚震：震骇，不安。 ㉛序得其道：指周王设计的政治秩序符合法度。序，对政治秩序的安排。㉜统：根本，原则。 ㉝去就有序：舍弃什么，保留什么，有一定的法度和原则。 ㉞变化因时:按照时世的不同而改变(措施)。

【品评】

贾谊是汉初著名政论家,《过秦论》上、中、下三篇则是他政论文中的代表作品,为历代所推崇,故后人吹嘘自己的文章,也必说“著论准《过秦》”,即把《过秦论》作为典范的、标准的政论文。

从内容上说,上篇是该文的关键部分,重点论述了秦王朝的强大。然而如此强盛的王朝,为什么一瞬之间就被手执锄耰、白梃的散乱之众即起义队伍所摧毁了呢?由此推出文章的主旨,即如果不施仁义、丧失民心,则任何貌似强大的力量都是要垮台的。

本文的主要特点,在于分析透辟,议论中肯,纵横捭阖,气势特盛。形成这些特点的因素,从写作上来说主要有以下几点。首先,文章运用了强烈的对比和烘托,从而更加突出了论述对象的特征和性质。如上篇极写六国土地之广、物产之丰、人才之众,然而在秦开关延敌时不堪一击,这是烘托。又写起义军武器之劣、组织之涣散、人才之缺乏,然而一举摧毁强大的秦军,这是对比。通过这样强弱的对比烘托,从而深刻地揭示了矛盾:为什么强秦如此脆弱?这样就深刻尖锐地揭示了秦王朝崩溃的根本原因,总结了历史的教训。其次,文章在运用史实论证问题时,常常不是机械地恪守史实的准确性,而是根据需要对史实作必要的概括加工乃至夸张,如战国四君子并非同时,但为了强调山东六国人才之众,就用了“当此之时”如何如何的说法;又如周王朝实际享国八九百年,但文章为了强调只有施行仁义才能国祚久长的论点,就说周朝“千余载不绝”等等。由于作者高超的写作技巧,这样做并没有使人感到史实不确切的别扭,反而觉得文章气势很盛,有说服力。最后,文章运用了许多富有形象性的说法,使文章的意味更加丰富,增加了美感。

晁 错(前 200—前 154)

颍川(今河南省禹州)人,西汉政论家。初学申不害、商鞅的法家学说,文帝时任太常掌故。后为太子家令,得太子(景帝)信任,号“智囊”。景帝即位,为御史大夫。他坚持“重本抑末”政策,并主张募民充实塞下,积极防御匈奴的侵略。又提出“削藩”策,以巩固中央集权制度。后为袁盎所谮被杀。他的政论立论精辟,分析中肯,但文采不足。

言兵事疏[①]

臣闻汉兴以来,胡虏数入边地,[②]小入则小利,大入则大利。高后时再入陇西,[③]攻城屠邑,驱略畜产。[④]其后复入陇西,杀吏卒,大寇盗,[⑤]窃闻战胜之威,民气百倍,败兵之卒,没世不复。[⑥]自高后以来,陇西三困于匈奴矣!民气破伤,亡有胜意。[⑦]今兹陇西之吏,赖社稷之神灵,奉陛下之明诏,和辑士卒,[⑧]底厉其节,[⑨]起破伤之民,[⑩]以当乘胜之匈奴,用少击众,杀一王,败其众而大有利。非陇西之民有勇怯,乃将吏之制巧拙异也。[⑪]故兵法曰:“有必胜之将,无必胜之民。”由此观之,安边境,立功名,在于良将,不可不择也!

臣又闻用兵临战,合刃之急者三:[⑫]一曰得地形,二曰卒服习,[⑬]三曰器用利。[⑭]兵法曰:丈五之沟,渐车之水,[⑮]山林积石,经川邱阜,草木所在,[⑯]此步兵之地也,车骑二不当一。[17]土山邱陵，曼衍相属，[18]平原旷野，此车骑之地也，步兵十不当一。[19]平陵相远，[20]川谷居间，仰高临下，此弓弩之地也，短兵百不当一。[21]两陈相近，[22]平地浅草，可前可后，此长戟之地也，剑楯三不当一。[23]萑苇竹萧，草木蒙茏，[24]枝叶茂接，此矛铤之地也，长戟二不当一。曲道相伏，[25]险阻相薄，[26]此剑楯之地也，弓弩三不当一。士不选练，卒不服习，起居不精，[27]动静不集，[28]趋利弗及，避难不毕，前击后解，[29]与金鼓之音相失，[30]此不习勒卒之过也，[31]百不当十。兵不完利，[32]与空手同；甲不坚密，与袒裼同；[33]弩不可以及远，与短兵同；射不能中，与亡矢同；[34]中不能入，与亡镞同。[35]此将不省兵之祸也，[36]五不当一。故兵法曰：器械不利，以其卒予敌也；卒不可用，以其将予敌也；将不知兵，以其主与敌也；君不择将，以其国与敌也。四者兵之至要也[37]。

臣又闻小大异形，强弱异势，[38]险易异备。[39]夫卑身以事强，小国之形也；合小以攻大，敌国之形也；以蛮夷攻蛮夷，中国之形也。今匈奴地形技艺，与中国异。上下山阪，出入溪涧，中国之马弗与也。[40]险道倾仄，[41]且驰且射，中国之骑弗与也。风雨罢劳，[42]饥渴不困，中国之人弗与也。此匈奴之长技也。若夫平原易地，[43]轻车突骑，则匈奴之众易挠乱也。[44]劲弩长戟，射疏及远，[45]则匈奴之弓弗能格也。[46]坚甲利刃，长短相离，游弩往来，什伍俱前，[47]则匈奴之兵弗能当也。材官驺发，[48]矢道同的，[49]则匈奴之革笥木荐弗能支也。[50]下马地斗，[51]剑戟相接，去就相薄，则匈奴之足弗能给也。[52]此中国之长技也。以此观之，匈奴之长技三。中国之长技五。陛下又与数十万之众，以诛数万之匈奴，众寡之计，以十击一之术也。

虽然，兵凶器，战危事也。[53]以大为小，以强为弱，在俯仰之间耳！[54]夫以人之死争胜，跌而不振，则悔之亡及也！[55]帝王之道，出于万全。今降胡义渠蛮夷之属，来归谊者，[56]其众数千，饮食长技，与匈奴同。可赐之坚甲絮衣，劲弓利矢，益以边郡之良骑。令明将能知其习俗和辑其心者，[57]以陛下之明约将之，[58]即有险，以此当之；平地通道，则以轻车材官制之。[59]两军相为表里，各用其长技，衡加之以众，此万全之术也。

传曰："狂夫之言，而明主择焉。"臣错愚陋，昧死上狂言，唯陛下财择！[60]

【注释】

①疏：向皇帝陈述政见的文章叫疏。 ②胡虏：指匈奴。入：侵入。 ③高后：指汉高祖的皇后吕雉。陇西：郡名，在今甘肃省东南一带。 ④驱略：抢掠。 ⑤大寇盗：大肆抢劫盗掠。寇盗，用作动词，意谓寇盗般掠夺。 ⑥没世不复：一辈子恢复不过来。 ⑦亡有胜意：没有决胜的意思。 ⑧和辑：经整顿而十分和谐。 ⑨底厉：即砥砺。 ⑩起：使恢复元气。⑪制：领兵作战、治理百姓的方针策略。 ⑫合刃之急：交战时的当务之急。合刃，交兵。 ⑬卒服习：士兵熟悉地形，训练有素。 ⑭器用：指武器。 ⑮渐：浸。渐车之水，指浅水。⑯经川：有水的河道。草木所在：指长草木的地方。阜：高地。⑰车骑：战车和骑兵。二不当一：指不能发挥一半的作用。⑱曼衍：连绵。属：联结。 ⑲十不当一：不能发挥十分之一的作用。 ⑳远：离。指平陵辽阔。 ㉑短兵：短兵器。百不当一：指不能发挥百分之一的作用。 ㉒陈：同阵。 ㉓楯：盾牌。 ㉔蒙茏：茂密的样子。 ㉕相伏：指时隐时现，好像伏在那里。 ㉖薄：迫近。 ㉗不精：不严密按照规定的时间（因此

士兵休息不好)。 ㉘集:整齐划一。 ㉙解:同懈。 ㉚金鼓之音:作战时用来指挥的锣和鼓。鸣鼓而进,鸣金而退。相失:指部队不按照金鼓之音行动。 ㉛习勒:训练和约束。 ㉜完利:完好,锐利。 ㉝袒裼:肉袒。犹言不穿衣服。 ㉞亡失:丢失。 ㉟亡镞:没有箭头。镞,箭头。 ㊱省:视。不省兵:不管理、训练部队。 ㊲四者:指择将、知兵、用卒、利器械等四个方面。 ㊳"小大"二句:意谓大小、强弱都不是一成不变,而是根据形势起变化的。 ㊴险易异备:这句是说,准备是否充分,决定险易的不同。 ㊵弗与:不如。与,同如。 ㊶倾仄:指崎岖不平。 ㊷罢劳:同疲劳。 ㊸易地:平地。 ㊹挠乱:同搅乱。 ㊺疏:远。 ㊻格:斗。 ㊼什伍:五人为一伍;二伍为一什。 ㊽材官:骑射之官。驺(zōu):精良的箭。 ㊾同的:射中同一个目标。 ㊿革笥(sì):以皮革制成的、作防护用的衣服。木荐:木制的盾牌。 (51)地斗:下地步战。 (52)这句意谓匈奴之人长期骑马,腿脚不灵便,故曰弗能给。 (53)两句读作:兵,凶器也;战,危事也。兵,武器。 (54)这三句是说,大小强弱,在极短时间内就会发生变化。俯仰之间:极言时间之短。 (55)亡及:不及。 (56)归谊:慕义归化。谊,同义。 (57)明将:明智的将领。 (58)将:约束。 (59)制:控制。(60)财:同裁。

【品评】

这是向皇帝陈述对匈奴作战的建议的文章,故陈述力求明确,简洁,说清楚,不必要求文采。所以本文的语言也格外平易而浅显。但另一方面又要求逻辑严密、分析精细、论证周详,有充分的说服力:本文在这方面是相当突出的。比如在提出"合刃之急者三"的论题,引用了大段的兵书以作论证;又如对匈奴和中国双方优势的分析,得出了"匈奴之长技三,中国之长技五"的结论,真可谓条分缕析,达到了无微不至的地步。从这篇文章,我们可以看到汉代应用文的一种类型,一个侧面。

司马迁(前 145—?)

字子长,夏阳(今陕西省韩城)人。他的先世,历为周代史官。父谈,精熟天文、史事,通晓诸子学术,曾著文论六家要旨,对司马迁有很大影响。谈于武帝建元、元封间为大史令。迁少而好学,二十以后游历各地,于三十八岁时继任父职,得以博览政府所藏大量书籍。太初元年着手编写史学巨著《史记》。四十七岁因替投降匈奴的李陵辩解,触怒武帝,下狱,被处腐刑。后被赦出狱,任一般由宦官充任的中书令。迁深以为耻,愈发愤著述,终于在征和初年(前 92)左右完成《史记》。不久即去世。

报任安书[①]

少卿足下:曩者辱赐书,[②]教以慎于接物,推贤进士为务,[③]意气勤勤恳恳,若望仆不相师用,而流俗人之言。[④]仆非敢如是也。虽罢驽,[⑤]亦尝侧闻长者遗风矣。[⑥]顾自以为身残处秽,[⑦]动而见尤,[⑧]欲益反损,是以抑郁而无谁语。[⑨]谚曰:“谁为为之?孰令听之?”[⑩]盖钟子期死,伯牙终身不复鼓琴。[⑪]何则?士为知己用,女为说己容。[⑫]若仆大质已亏缺,[⑬]虽材怀随和,[⑭]行若由夷,[⑮]终不可以为荣,适足以发笑而自点耳。[⑯]

书辞宜答,会东从上来,又迫贱事,相见日浅,卒卒无须臾之间得竭指意。[⑰]今少卿抱不测之罪,[⑱]涉旬月,迫季冬，仆又薄从上上雍，⑲恐卒然不可讳。⑳是仆终已不得舒愤懑以晓左右，㉑则长逝者魂魄私恨无穷。㉒请略陈固陋。㉓阙然不报，幸勿过。

仆闻之，修身者智之府也，㉔爱施者仁之端也，㉕取予者义之符也，㉖耻辱者勇之决也，㉗立名者行之极也。㉘士有此五者，然后可以托于世，㉙列于君子之林矣。故祸莫憯于欲利，㉚悲莫痛于伤心，行莫丑于辱先，㉛而诟莫大于宫刑。刑余之人，无所比数，㉜非一世也，所从来远矣。昔卫灵公与雍渠载，孔子适陈；㉝商鞅因景监见，赵良寒心；㉞同子参乘，爰丝变色：㉟自古而耻之。夫中材之人，事关于宦竖，㊱莫不伤气，况慷慨之士乎！如今朝虽乏人，奈何令刀锯之余荐天下豪隽哉！㊲仆赖先人绪业，㊳得待罪辇毂下，㊴二十余年矣。所以自惟：㊵上之，㊶不能纳忠效信，有奇策材力之誉，自结明主；次之，又不能拾遗补阙，招贤进能，显岩穴之士；㊷外之，不能备行伍，㊸攻城〔野战〕，有斩将搴旗之功；㊹下之，不能累日积劳，取尊官厚禄，以为宗族交游光宠。㊺四者无一遂，㊻苟合取容，无所短长之效，㊼可见于此矣。乡者，㊽仆亦尝厕下大夫之列，㊾陪外廷末议。㊿不以此时引维纲，(51)尽思虑，今已亏形为扫除之隶，(52)在阘茸之中，(53)乃欲卬首信眉，(54)论列是非，不亦轻朝廷，羞当世之士邪！嗟乎！嗟乎！如仆，(55)尚何言哉！(56)尚何言哉！

且事本末未易明也。(57)仆少负不羁之才，(58)长无乡曲之誉，(59)主上幸以先人之故，使得奉薄技，出入周卫之中。(60)仆以为戴盆何以望天(61)，故绝宾客之知，(62)忘室家之业，日夜思竭其不肖之材力，务壹心营职，(63)以求亲媚于主上。(64)而事乃有大谬不然者。夫仆与李陵俱居门下，(65)

素非相善也，趣舍异路，[66]未尝衔杯酒接殷勤之欢。[67]然仆观其为人自奇士，事亲孝，与士信，临财廉，取予义，分别有让，[68]恭俭下人，[69]常思奋不顾身以徇国家之急。[70]其素所畜积也，[71]仆以为有国士之风。[72]夫人臣出万死不顾一生之计，赴公家之难，斯已奇矣。今举事壹不当，[73]而全躯保妻子之臣随而媒孽其短，[74]仆诚私心痛之。且李陵提步卒不满五千，[75]深践戎马之地，[76]足历王庭，[77]垂饵虎口，横挑强胡，[78]卬亿万之师，[79]与单于连战十余日，所杀过当。[80]虏救死扶伤不给，[81]旃裘之君长咸震怖，[82]乃悉征左右贤王，[83]举引弓之民，[84]一国共攻而围之。转斗千里，矢尽道穷，救兵不至，士卒死伤如积。然李陵一呼劳军，[85]士无不起，躬流涕，沫血饮泣，[86]张空弮，[87]冒白刃，北首争死敌。[88]陵未没时，使有来报，汉公卿王侯皆奉觞上寿。[89]后数日，陵败书闻，[90]主上为之食不甘味，听朝不怡。大臣忧惧，不知所出。仆窃不自料其卑贱，见主上惨凄怛悼，[91]诚欲效其款款之愚。[92]以为李陵素与士大夫绝甘分少，[93]能得人之死力，虽古名将不过也。身虽陷败，彼观其意，且欲得其当而报汉。[94]事已无可奈何，其所摧败，功亦足以暴于天下。[95]仆怀欲陈之，而未有路。适会召问，[96]即以此指推言陵功，[97]欲以广主上之意，塞睚眦之辞。[98]未能尽明，[99]明主不深晓，以为仆沮贰师，[100]而为李陵游说，遂下于理。[101]拳拳之忠，终不能自列，[102]因为诬上，[103]卒从吏议。[104]家贫，财赂不足以自赎，[105]交游莫救，左右亲近不为壹言。[106]身非木石，独与法吏为伍，深幽囹圄之中，[107]谁可告诉者！此正少卿所亲见，仆行事岂不然邪？李陵既生降，[108]陨其家声，[109]而仆又茸以蚕室，[110]重为天下观笑。悲夫！悲夫！

事未易一二为俗人言也。[111]仆之先人非有剖符丹书之功，[112]文史星历近乎卜祝之间，[113]固主上所戏弄，倡优畜之，[114]流俗之所轻也。[115]假令仆伏法受诛，若九牛亡一毛，与蝼蚁何异？而世又不与能死节者比，[116]特以为智穷罪极，不能自免，卒就死耳。何也？素所自树立使然。[117]人固有一死，死有重于泰山，或轻于鸿毛，用之所趋异也。太上不辱先，[118]其次不辱身，[119]其次不辱理色，[120]其次不辱辞令，其次诎体受辱，[121]其次易服受辱，[122]其次关木索被棰楚受辱，[123]其次鬄毛发婴金铁受辱，[124]其次毁肌肤断支体受辱，最下腐刑，极矣。[125]传曰"刑不上大夫"，此言士节不可不厉也。[126]猛虎处深山，百兽震恐，及其在阱槛之中，[127]摇尾而求食，积威约之渐也。[128]故士有画地为牢势不入，削木为吏议不对，定计于鲜也。[129]今交手足，受木索，暴肌肤，受榜棰，幽于圜墙之中，[130]当此之时，见狱吏则头枪地，[131]视徒隶则心惕息。[132]何者？积威约之势也。及已至此，言不辱者，所谓强颜耳，[133]曷足贵乎！且西伯，伯也，拘牖里；[134]李斯，相也，具五刑；[135]淮阴，王也，受械于陈；[136]彭越、张敖南乡称孤，系狱具罪；[137]绛侯诛诸吕，权倾五伯，囚于请室；[138]魏其，大将也，衣赭关三木；[139]季布为朱家钳奴；[140]灌夫受辱居室。[141]此人皆身至王侯将相，声闻邻国，及罪至罔加，[142]不能引决自财。[143]在尘埃之中，[144]古今一体，安在其不辱也！由此言之，勇怯，势也；[145]强弱，形也。[146]审矣，曷足怪乎！且人不能蚤自财绳墨之外，[147]已稍陵夷至于鞭棰之间，[148]乃欲引节，斯不亦远乎！古人所以重施刑于大夫者，殆为此也。夫人情莫不贪生恶死，念亲戚，顾妻子，至激于义理者不然，乃有不得已也。今仆不幸，蚤失二亲，无兄弟之亲，独身孤立，少卿视仆于妻子何如哉？[149]且勇者不必死节，怯夫慕义，何处不勉焉！仆虽怯耎欲苟活，[150]亦颇识去就之分矣，[151]何至自湛溺累绁之辱哉！[152]且夫臧获婢妾犹能引决，[153]况若仆之不得已乎！所以隐忍苟活，函粪土之中而不辞者，[154]恨私心有所不尽，鄙没世而文采不表于后也。[155]

古者富贵而名摩灭，[156]不可胜记，唯俶傥非常之人称焉。[157]盖西伯拘而演周易；[158]仲尼厄而作《春秋》；[159]屈原放逐，乃赋《离骚》；[160]左丘失明，厥有《国语》；[161]孙子髌脚，兵法修列；[162]不韦迁蜀，世传《吕览》；[163]韩非囚秦，《说难》《孤愤》。[164]《诗》三百篇，大氐贤圣发愤之所为作也。[165]此人皆意有所郁结，不得通其道，故述往事，思来者。[166]及如左丘明无目，孙子断足，终不可用，退论书策以舒其愤，思垂空文以自见。[167]仆窃不逊，近自托于无能之辞，网罗天下放失旧闻，考之行事，稽其成败兴坏之理，[168]凡百三十篇，亦欲以究天人之际，通古今之变，成一家之言。[169]草创未就，适会此祸，[170]惜其不成，是以就极刑而无愠色。仆诚已著此书，藏之名山，传之其人，通邑大都，则仆偿前辱之责，[171]虽万被戮，岂有悔哉！然此可为智者道，难为俗人言也。

且负下未易居，[172]下流多谤议。[173]仆以口语遇遭此祸，重为乡党戮笑，污辱先人，亦何面目复上父母之丘墓乎？虽累百世，垢弥甚耳！[174]是以肠一日而九回，居则忽忽若有所亡，[175]出则不知所如往。每念斯耻，汗未尝不发背沾衣也。身直为闺阁之臣，[176]宁得自引深臧于岩穴邪！[177]故且从俗浮湛，[178]与时俯仰，以通其狂惑。[179]今少卿乃教以推贤进士，无乃与仆之私指谬乎。[180]今虽欲自雕瑑，曼辞以自解，[181]无益，于俗不信，只取辱耳。要之死日，[182]然后是非乃定。书不能尽意，故略陈固陋。[183]

【注释】

①任安字少卿，历任郎中、益州刺史等。后因戾太子反，矫发兵，任安接受其符节而被判处腰斩。他生前曾写信给司马迁，司马迁就回了他这封信。 ②曩(nǎng)者：以前，过去。辱：谦词，意谓赐书给我使你蒙受了耻辱。 ③"教以"两句：是总括来信的大意。接物，待人接物。为务，作为应当做的事。当时司马迁任中书令，掌推选人才及文书等事，所以任安要他推贤进士。 ④"若望"二句：意谓好像怨我不效法你的话，而遵行世俗之言。望，怨。流，迁移，转移。 ⑤罢驽：疲惫的劣马。自比为劣马，是自谦之意。⑥侧闻：在旁听到，谦辞。⑦身残处秽：身残，指司马迁遭受宫刑，身体残缺；处秽，指处于污秽可耻的地位。 ⑧动而见尤：动不动就被责备有错。 ⑨无谁语：没有可以说话的人。 ⑩二句意谓我为谁？我做了谁来听我？ ⑪钟子期、伯牙：春秋时候人。相传伯牙鼓琴，钟子期最能欣赏其中的寄托。钟子期死后，伯牙破琴绝弦，不再鼓琴，以为世无知音。 ⑫说已容：为喜爱自己的人打扮。说，同悦。容，修饰容貌，打扮。 ⑬大质：身体。 ⑭材怀随和：材能像随侯珠、和氏璧那样。随侯珠、和氏璧，都是极其贵重的珍宝。⑮行若由夷：操行像许由、伯夷那样高尚。 ⑯发笑而自点：让人发笑而自己玷污自己。点，污。 ⑰"书辞"以下数句：大意谓自己应该给任安回信。会：正碰上。东从上来：随从皇帝往东来。贱事：烦琐的事务，谦词。竭指意：尽情地表达自己的想法。 ⑱不测之罪：难以判测的罪，指被牵涉戾太子反事。不测，指深。 ⑲这句意谓过了一个月，又要迫近冬季（冬季是处决囚犯的日子），而我又快要随从皇帝去雍了。薄：迫近。第一

个上指皇帝，第二个上指上去。雍：在今陕西凤翔县南，那里筑有祭五帝的坛，汉武帝常到这里祭祀。 ⑳不可讳：委婉语，指死。司马迁恐怕任安在冬季被处死。 ㉑左右：不直指任安而说他左右的人，以表尊敬。 ㉒长逝者：亦指任安。 ㉓固陋：固塞鄙陋，自谦之词。 ㉔智之府：智慧的最高等。这句意谓修身是智慧的最高表现。 ㉕端：开始。这句意谓爱施舍是行仁义的开端。 ㉖符：标志，标准。这句意谓在取予面前最能表现一个人是否义。 ㉗这句意谓如何对待耻辱，是一个人是否勇敢的标志。 ㉘行之极：德行的最高目的。 ㉙托于世：托身于世。 ㉚这句是说，利、欲带来的灾祸最惨。憯，同惨。㉛辱先：使祖先蒙受耻辱。 ㉜刑余：受过刑罚，在刑罚下得到余生。无所比数：再也无人可以和他们放在一起比的。 ㉝这句是说，过去卫灵公让宦者雍渠和孔子与自己同乘一车，孔子感到莫大的耻辱，离开卫国去陈。 ㉞这句是说，商鞅靠宦者景监的引见，才被秦孝公所任用，赵良认为他的得官路子不正。赵良，秦国的贤者。 ㉟同子：指汉文帝的宦者赵谈，司马迁为避父讳，改称为同子。爰丝：即袁盎，字丝。袁盎任郎中令时，见赵谈参乘，就伏文帝车前谏道：我听说天子只与天下英雄豪杰同车，陛下为何偏与宦官同车呢？ ㊱宦竖：这里指宦官。竖，宫中供役使的小臣。 ㊲刀锯之余：犹言刑余之人。隽：同俊。 ㊳绪业：事业。 ㊴待罪辇毂下：意即在京城做官。待罪，即做官，谦词。辇，皇帝的车子。辇毂下，京城的代称。㊵惟：想，思索。 ㊶上之：上等的。下面的次之、外之、下之，都是同一句式。 ㊷显岩穴之士：使岩穴之士（即隐士）显身扬名。 ㊸备行伍：在行伍中充任一个名额。行伍，即军队。㊹搴：拔。 ㊺交游：指朋友。 ㊻遂：实现。 ㊼无所短长：即无所长。短长，偏义复指。 ㊽乡者：从前。乡即向。㊾厕下大夫之列：厕，谦词，夹杂。下大夫，周代太史属下大夫。㊿外廷：外朝。汉代分朝官为外朝官（丞相以下至六百石），中朝官（大司马、侍中等）。太史令属外朝官。末议：谦词。⑤1维纲：国家法令。⑤2扫除之隶：自谦词。⑤3阘（tà）茸（róng）：下贱。⑤4卬：同昂。信：伸，扬。⑤5如仆：像我这样。仆，自谦词。⑤6尚何言哉：还有什么说的。⑤7本末：来龙去脉。⑤8不羁之才：指高远超逸不可羁靡的才能。⑤9乡曲：乡里。⑥0周卫：即宫禁。卫，宿卫。⑥1这句比喻只能二取其一。⑥2这句是说与朋友断绝往来。知，了解。⑥3营职：即恪守本职。⑥4这句意谓求得主上的满意和欢心。媚，爱。⑥5李陵：汉代名将李广之孙，当时率兵攻匈奴，被匈奴围困，矢尽粮绝而降。门下：李陵曾任侍中，司马迁任太史令，都是能出入宫门的官员，故言“俱居门下”。⑥6趣舍：即趋舍。⑥7这句是说与李陵向来没有交往。⑥8分别：懂得分别尊卑长幼的礼节。有让：有谦让的品德。⑥9下人：居于人下。⑦0徇：同殉。为国家的急难而献身。⑦1畜积：指平日立下的志愿和抱负。⑦2国士：一国之士。⑦3这句指李陵投降匈奴的事。⑦4媒孽：酒曲。这里是酝酿的意思。这句意谓那些人把李陵的短失酿成大罪。⑦5提：统率。⑦6深践：深入。⑦7王庭：指匈奴君王的居地。⑦8横挑：四处挑战。⑦9卬：同仰，仰攻。⑧0过当：超过了自己部队的人数。⑧1不给：意为顾不上。⑧2旃裘：匈奴人穿的衣服。旃，同毡。⑧3左右贤王：即左贤王、右贤王，都是匈奴贵族的封号。⑧4举：发动。引弓之民：凡能拉弓射箭的人。⑧5劳军：疲劳困苦之极的部队。⑧6沬（huí）血：以血洗脸。⑧7拳（quān）：弩弓。⑧8死敌：死于敌，犹言牺牲。⑧9奉觞上寿：奉着酒杯为尊上祝寿，此处指祝捷。⑨0败书闻：接到了报告失败的情报。⑨1怛（dá）悼：悲伤的意思。⑨2款款：忠诚的样子。愚：愚忠。⑨3绝甘分少：甘美的东西自己不吃，把不多的东西给大家分享。⑨4当：相当，足以抵罪之功。⑨5暴：暴露，显露。⑨6适会召问：正巧碰到皇上之召，问及此事。⑨7推言：阐述。⑨8睚

(yá)眦之辞:怨恨的言语。 ⑲未能尽明:没有能阐述得很清楚。 ⑳沮:毁坏。贰师:指贰师将军李广利。当时武帝派李广利征匈奴,出兵祁连山,李陵为助,率五千步兵出居延北,以分匈奴兵势。李陵被围,李广利却按兵不动。此次李广利功少,武帝就认为司马迁有意诋毁李广利。 ⑩理:大理,亦即廷尉,掌诉讼刑狱之事,九卿之一。 ⑫列:陈述,剖白。 ⑬因为诬上:因而判成了诬上的罪。诬上之罪应处宫刑。 ⑭卒从吏议:皇上最后也同意了大理的判决。 ⑮财赂:财产。汉律,可以用钱赎罪。 ⑯左右亲近:指皇帝身边的近臣。 ⑰幽:幽禁,关押。囹圄:监狱。 ⑱生降:活着投降。 ⑲隤(tuí):败坏。 ⑩蚕室:受过宫刑的人怕风寒,所居之室必须严封而温暖,像养蚕的屋子那样,故曰蚕室。 ⑪一二:犹言一一,详细。 ⑫剖符:分剖之符。古代符作两块,君臣各执其一,以示信守。丹书:又称丹书铁券,是在铁券上用丹砂写上誓词,作为后世子孙免罪的凭信。 ⑬文史星历:都是太史令所掌之事,星指天文,历指历算。 ⑭倡优畜之:像倡优那样养着。倡,乐人;优,戏子。旧时乐人和戏子的地位都很低。 ⑮流俗:犹言世俗。 ⑯能死节者:能够为节操而死的人。 ⑰所自树立:自己用来立身于世的。 ⑱太上不辱先:最上等的不会使祖先蒙受羞辱。 ⑲身:指自身。 ⑳理色:这里指脸面。 ㉑诎体:即屈体,指受系缚。 ㉒易服:换上罪人的衣服。通常为赭色。 ㉓关木索:关,同贯;木,指枷;索,绳索。被棰楚:被,遭受;棰,杖;楚,荆条。 ㉔鬄毛发:即剃毛发,古代的髡(kūn)刑即剃去头发。婴金铁:戴上铁圈,这是钳刑。婴,戴上。 ㉕腐刑:即宫刑。 ㉖厉:激励。 ㉗阱:陷阱。槛:关兽的笼。 ㉘渐:逐渐发展的结果。 ㉙这句是说,准备未遇刑时就自杀以免于受辱。 ㉚圜墙:指牢狱。 ㉛枪:突,触。 ㉜惕息:胆战心惊。惕,怕。息,喘。 ㉝强颜:硬装样子。 ㉞西伯:周文王。这句是说,周文王当时也曾囚于牖里。伯也:指文王当时为伯爵。 ⑬⑤李斯：秦丞相，因上书谏戒二世，不被采纳，反而听信赵高的诬陷而把李斯处死。 ⑬⑥淮阴：即汉淮阴侯韩信，他曾被刘邦封为齐王。械：拘束手足的刑具。 ⑬⑦彭越：秦汉之际人，因有功而被刘邦封为梁王，后被人诬告谋反，夷三族。张敖：赵王张耳之子，嗣位后因有人诬告他谋反而被囚。⑬⑧绛侯：即周勃，汉开国大臣。刘邦死后，吕后亲属掌权，将要颠覆汉朝，周勃与陈平等人诛杀诸吕，迎文帝即位。后有人告周勃欲谋反，被囚于请室。请室：官署名，其中有特设的监狱。⑬⑨魏其：即魏其侯窦婴。衣赭：穿着罪犯的赭衣。三木：加在手、足、颈三处的刑具。 ⑭⓪季布：楚人，好任侠，曾多次使刘邦受辱。刘邦战胜项羽后以重金购季布，季布乃卖于朱家做奴，作为逃遁之计。 ⑭①灌夫：汉初大将，曾任淮阳太守，家巨富。居室：官署名。 ⑭②罔：同网，网维，比喻法制。 ⑭③引决：下决心。自财：同自裁，自杀。 ⑭④这句比喻处于危难的境地。⑭⑤势：形势。 ⑭⑥这两句是说，勇怯强弱都是由形势所决定的。⑭⑦绳墨：指法律。 ⑭⑧陵夷：指志气衰颓。 ⑭⑨这句意谓你看我是怎样对待妻子儿女的？司马迁其实是说把妻子儿女看得很重。 ⑮⓪怯耎(rú)：怯懦。 ⑮①去就之分：取舍的关键，指舍生取义。 ⑮②湛溺：深深地陷入。湛，深。累绁：即缧(lěi)绁(xiè)，大绳子。 ⑮③臧获：古人骂奴婢的贱称。 ⑮④函：生存于。 ⑮⑤没世：等于是终结一生；死。 ⑮⑥摩灭：磨灭。 ⑮⑦俶傥：即倜傥，卓越、特出。 ⑮⑧相传周文王囚于牖里后推演易之八卦为六十四卦。 ⑮⑨仲尼：孔子。相传孔子因政治理想无法实现，乃编纂了《春秋》作为寄托。厄：困。 ⑯⓪屈原：战国楚大夫，因上忠言被谗，被楚王放逐于江湘。他在流放途中作了《离骚》。 ⑯①左丘：左丘明。据传《国语》为左丘明所作。 ⑯②孙子：战国时大军事家孙膑，相传他著有兵法八十九篇。膑脚：砍去双腿。 ⑯③不韦：吕不韦，秦始皇时相国，后以罪免，奉命徙蜀。但据《史记·吕不韦列传》，《吕览》成于不韦为相时。

⑯这句是说，韩非囚于秦，著了《说难》《孤愤》。但据《史记·韩非列传》，这两篇著作写于韩非上书谏韩王而不纳后。⑯《诗》三百篇：即现在《诗经》，是周初到春秋时代的一部诗歌总集，其中大多是民歌。⑯"此人"以下数句：意谓以上这些人，都因为怨愤而著书的。⑯垂：流传。空文：这是相对具体功业而言。⑯稽：查考，探究。⑯天人之际：从自然到人事。⑰此祸：指遭受宫刑。⑰偿：抵偿。⑰负下：在负罪的情况下。⑰下流：指品质恶劣的小人。⑰垢：羞辱。⑰忽忽：神情恍惚的样子。⑰直：仅。闺阁之臣：指宦官。⑰这句是说，没有资格以深藏于岩穴的高士来自比。⑰浮湛：浮沉。⑰通其狂惑：达到狂惑。这是愤激的话。⑱私指：私下里抱定的宗旨。⑱曼辞：美妙的语言。⑱要之：总之。⑱固陋：固塞浅陋的见解，谦辞。

【品评】

针对任安来书中要求司马迁"推贤进士为务"的说法，作者在这篇复信中沉痛指出作为"刑余之人"，从世俗来说，那样做无异是轻朝廷而羞当世之士；从自己来说，则每念斯耻，汗未尝不发背沾衣，还说什么推贤进士！作者接着痛陈自己在刀斧之余尚隐忍苟活，是为了完成"述往事、思来者""成一家之言"的作品《史记》。这是一种怎样的精神和境界！

沿着上述脉络，作者把叙述、议论、说明、感叹等种种笔法糅合在一起，而笼罩、贯穿以一股浓郁强烈的悲愤。由于作者的悲愤是如此地使人同情共鸣，所以我们读着这封书信，已无暇顾及哪是叙述议论、哪是说明感叹，只是全身心地随着作者悲、随着作者愤，心随着作者的脉搏一起跳动。最后我们只是深深地沉浸在对作者惨痛的遭遇、高尚的人格、坚韧不拔的毅力、伟大抱负的咏味之中，觉得一切艺术分析和解说都是多余的了！

杨　恽(？—前54)

字子幼,华阴(今陕西省华阴市)人,司马迁的外孙。恽素有才干,喜结交天下豪杰儒士,有声于朝。宣帝时为郎。霍光子孙谋反,恽预知其谋,告于帝。霍氏被诛后,因功封为平通侯,未几,迁中郎将,后官至诸吏光禄勋。恽为人坦率大胆,刻薄而好揭人隐私,故多惹众怨,与太仆戴长乐不和。适有人上书奏劾戴,戴误以为杨恽所使,即反告恽言语不敬,恽遂免为庶人,又因故下狱治罪。后复搜得恽《报孙会宗书》,宣帝恶之,以大逆无道之罪斩恽。

报孙会宗书[1]

恽材朽行秽,文质无所底,[2]幸赖先人余业得备宿卫,[3]遭遇时变以获爵位,[4]终非其任,卒与祸会。[5]足下哀其愚朦,赐书教督以所不及,[6]殷勤甚厚。然窃恨足下不深惟其终始,[7]而猥随俗之毁誉也。[8]言鄙陋之愚心,若逆指而文过,[9]默而息乎,[10]恐违孔氏"各言尔志"之义,故敢略陈其愚,唯君子察焉!

恽家方隆盛时,乘朱轮者十人,[11]位在列卿,[12]爵为通侯,[13]总领从官,[14]与闻政事,曾不能以此时有所建明,以宣德化,又不能与群僚同心并力,陪辅朝廷之遗忘,[15]已负窃位素餐之责久矣。[16]怀禄贪势,[17]不能自退,遭遇变故,横被口语,[18]身幽北阙,[19]妻子满狱。当此之时,自以夷灭不足以塞责，岂意得全首领，[20]复奉先人之丘墓乎？伏惟圣主之恩，[21]不可胜量。君子游道，乐以忘忧；小人全躯，说以忘罪。[22]窃自思念，过已大矣，行已亏矣，长为农夫以没世矣。是故身率妻子，戮力耕桑，灌园治产，以给公上，[23]不意当复用此为讥议也。[24]

夫人情所不能止者[25]，圣人弗禁，故君父至尊亲，[26]送其终也，有时而既。[27]臣之得罪，已三年矣。[28]田家作苦，岁时伏腊，[29]亨羊炰羔，[30]斗酒自劳。家本秦也，[31]能为秦声。妇，赵女也，雅善鼓瑟。奴婢歌者数人，酒后耳热，仰天拊缶，[32]而呼乌乌。[33]其诗曰："田彼南山，芜秽不治，种一顷豆，落而为萁。[34]人生行乐耳，须富贵何时！[35]"是日也，拂衣而喜，奋袖低卬，[36]顿足起舞，诚淫荒无度，不知其不可也。恽幸有余禄，方籴贱贩贵，逐什一之利，此贾竖之事，污辱之处，[37]恽亲行之。下流之人，众毁所归，不寒而栗。虽雅知恽者，犹随风而靡，[38]尚何称誉之有！董生不云乎？"明明求仁义，[39]常恐不能化民者，卿大夫意也；明明求财利，常恐困乏者，庶人之事也。[40]"故"道不同，不相为谋"。今子尚安得以卿大夫之制而责仆哉！[41]

夫西河魏土，[42]文侯所兴，有段干木、田子方之遗风，漂然皆有节概，知去就之分。顷者，足下离旧土，[43]临安定，安定山谷之间，昆戎旧壤，[44]子弟贪鄙，[45]岂习俗之移人哉？于今乃睹子之志矣。方当盛汉之隆，愿勉旃，[46]毋多谈。

【注释】

①孙会宗：安定（今甘肃省平凉一带）太守，杨恽的朋友。

杨恽免官以后，即家居治产业、造宅第，挥霍作乐。孙会宗写信告诫他说，大臣被斥免官，应当闭门思过，表现出惶恐、可怜的样子，不应那样张扬。杨恽便回了他这封信。 ②底：至。无所底，没有成就。 ③余业：余荫。先人：指杨恽父亲杨敞，官至丞相。 ④时变：指霍光子孙谋反，为杨恽告发之事。 ⑤会：遭遇，碰上。 ⑥教督以所不及：教育、督导人家所做不到的事情。 ⑦惟：思。 ⑧猥随：很鄙陋地跟随。 ⑨这两句意谓假如自己诉说一下愚衷，又好像是违背了来信的用意，掩饰自己的过错。指，旨意。文，掩饰。 ⑩默而息：默默地不做出反应。 ⑪朱轮：显贵者所乘的车。汉朝制度，公卿列侯及二千石以上的官员，才能乘朱轮。 ⑫列卿：即列侯公卿。 ⑬通侯：即列侯。汉制，同姓封侯者谓诸侯，异姓封侯者谓列侯。 ⑭总领从官：从官，皇帝的侍从官。杨恽任诸吏光禄勋，为诸侍从官之首，并负责监察弹劾群官，故言总领群官。 ⑮这句意谓与群臣一起辅佐皇帝所没有想到的事情。陪辅，是谦逊的说法。 ⑯窃位：占据官位而不尽职。素餐：白吃饭的。《诗经·伐檀》："彼君子兮，不素餐兮。" ⑰怀禄贪势：贪恋官禄和权势。 ⑱口语：谗言，攻击性的言论。 ⑲北阙：宫殿北面的观阙，杨恽上书后就拘禁在北阙。 ⑳全首领：保全首领，即没有被杀头。 ㉑伏惟：敬词，伏在地上想。 ㉒游道：一心追求学问和修养，就像在水中畅游一样。说：同悦。 ㉓以给公上：供给国家的税收。公上，公家，主上。 ㉔用此：由于此。 ㉕人情：人的性情。 ㉖君父至尊亲：即君至尊，父至亲。 ㉗有时而既：有一时限，过此就终止了。古制，臣下、儿子为君、父服三年之丧，除服后起居行动就不再受丧服的限制。 ㉘这几句是说，就是君父死了，三年之后也不再受丧服限制，何况我受处罚已过了三年，我之作为，更算不得违背臣礼。 ㉙伏腊：都是古代节日。伏，在夏至后第三个庚日。腊，在冬至后第三个戌日。 ㉚炰（páo）：裹起来烤。亨：即烹。 ㉛杨恽是华阴人，华阴原属秦地。　㉜缶(fǒu)：秦人的一种乐器，伴歌时按节奏敲击，故曰拊缶。　㉝乌乌：唱歌的声音。　㉞“田彼”四句：概为讽刺当时朝廷荒乱。田，种田，种植。萁(jī)，豆茎。㉟须：等待。　㊱低卬：同低昂。　㊲什一之利：十分之一的赢利，言其少。贾竖：犹言商人小民。古代经商是为士大夫看不起的，商人的地位很低。　㊳靡：倒。　㊴董生：即董仲舒。明明：原文为“遑遑”。化民：教化人民。　㊵庶人：平民百姓。㊶制：标准。这里杨恽的意思是说，我自得罪以后，做的是农夫和商贾的贱事，怎么还能用卿大夫的标准来要求我呢。其实是发泄他怨恨不满的心情。　㊷西河魏土：西河是魏的地方。按：孙会宗是汉西河人，在今内蒙古伊克昭盟东胜附近，而战国魏的西河在今陕西合阳一带。杨恽故意把此二地附会起来，是讽刺孙的意思。　㊸离旧土：离开故乡。　㊹临安定：意即做安定太守。昆戎：殷及西周时西方的一个种族，是一种轻蔑的称呼。　㊺贪鄙：生性贪婪，风俗鄙野。　㊻旃(zhān)：之焉二字的合音。

【品评】

本文可以说是一篇“抒愤懑”的作品。杨恽自以为出身显贵，又有功于今上皇帝，总应该得到不竭的宠信和尊荣。不意宦海难测、功不足恃，一下子被人搞了下来，免去官职，回家闲居。故一腔的怨恨愤懑，正无处可诉，恰逢孙会宗来信，还要他“阖门惶惧，为可怜之意”，于是这一腔怨愤正好找到了机会汩汩发泄出来。想当时他临文宣泄之际，是一定畅快了一阵的。

然而杨恽毕竟是司马迁的外孙，他的宣泄并非等闲的使气骂座，而是体现了很高的反讽和讥嘲的艺术性，真所谓“嘻笑怒骂皆成文章”。我们读来，他的自贬自损处，笔笔是自解自辩，自鸣不平；他的颂圣处，又都时时透出不满和怨刺。

同时他的不满和怨刺，针对不同的对象又有所不同。对皇帝，就较为隐晦和曲折，对孙会宗本人，却直捷而尖利，甚至说他是染上了昆戎的“贪鄙”。这些地方如果细加体味，是极有意味的。

扬 雄(前53—18)

字子云,蜀郡成都(今四川省成都市)人,西汉末年著名辞赋家。扬雄四十多岁时由蜀至京师,为大司马车骑将军王音赏识,召为门下吏。后因献《羽猎赋》而拜为郎,给事黄门。王莽建立新朝,他调任大夫。因不愿趋炎附势,卒为王莽所忌,抑郁不得志。扬雄学问渊博,除辞赋外,尚著有《法言》《太玄》《方言》等。

解 嘲[①]

客嘲扬子曰:“吾闻上世之士,[②]人纲人纪,[③]不生则已,生则上尊人君,下荣父母,析人之圭,儋人之爵,[④]怀人之符,[⑤]分人之禄,纡青拕紫,[⑥]朱丹其毂。[⑦]今子幸得遭明盛之世,处不讳之朝,[⑧]与群贤同行,历金门上玉堂有日矣,[⑨]曾不能画一奇,出一策,[⑩]上说人主,下谈公卿。[⑪]目如耀星,舌如电光,壹从壹衡,[⑫]论者莫当,顾而作《太玄》五千文,[⑬]支叶扶疏,独说十余万言,[⑭]深者入黄泉,高者出苍天,大者含元气,纤者入无伦,[⑮]然而位不过侍郎,擢才给事黄门,意者玄得毋尚白乎?[⑯]何为官之拓落也?[⑰]”

扬子笑而应之曰:“客徒欲朱丹吾毂,不知一跌将赤吾之族也![⑱]往者周罔解结,[⑲]群鹿争逸,离为十二,合为六七,四分五剖,并为战国,[⑳]士无常君,国亡定臣,得士者富，失士者贫，矫翼厉翮，[21]恣意所存，[22]故士或自盛以橐，[23]或凿坏以遁。[24]是故驺衍以颉亢而取世资，[25]孟轲虽连蹇，犹为万乘师。[26]

"今大汉左东海，右渠搜，前番禺，后陶涂。[27]东南一尉，西北一候，[28]徽以纠墨，制以质铁，[29]散以礼乐，风以诗书，[30]旷以岁月，结以倚庐。[31]天下之士，雷动云合，鱼鳞杂袭，[32]咸营于八区，[33]家家自以为稷契，[34]人人自以为咎繇，[35]戴縰垂缨而谈者皆拟于阿衡，[36]五尺童子羞比晏婴与夷吾；[37]当涂者入青云，失路者委沟渠，旦握权则为卿相，夕失势则为匹夫；譬若江湖之雀，勃解之鸟，乘雁集不为之多，双凫飞不为之少。[38]昔三仁去而殷虚，[39]二老归而周炽，[40]子胥死而吴亡，[41]种、蠡存而粤伯，[42]五羖入而秦喜，[43]乐毅出而燕惧，[44]范雎以折摺而危穰侯，[45]蔡泽虽噤吟而笑唐举，[46]故当其有事也，非萧、曹、子房、平、勃、樊、霍则不能安；[47]当其亡事也，章句之徒相与坐而守之，亦亡所患，[48]故世乱，则圣哲驰骛而不足；[49]世治，则庸夫高枕而有余。

"夫上世之士，或解缚而相，[50]或释褐而傅；[51]或倚夷门而笑，[52]或横江潭而渔；[53]或七十说而不遇，[54]或立谈间而封侯；[55]或枉千乘于陋巷，[56]或拥帚彗而先驱。[57]是以士颇得信其舌而奋其笔，[58]窒隙蹈瑕而无所诎也。[59]当今县令不请士，郡守不迎师，群卿不揖客，将相不俯眉；[60]言奇者见疑，行殊者得辟，[61]是以欲谈者宛舌而固声，[62]欲行者拟足而投迹，[63]乡使上世之士处虖今，[64]策非甲科，行非孝廉，举非方正，[65]独可抗疏，时道是非，[66]高得待诏，下触闻罢，[67]又安得青紫？

"且吾闻之，炎炎者灭，[68]隆隆者绝；[69]观雷观火，为盈为实，天收其声，地藏其热。高明之家，鬼瞰其室。[70]攫拿者亡，[71]默默者存；位极者宗危，[72]自守者身全。是故知玄知默，[73]守道之极；爰清爰静，[74]游神之廷；惟寂惟寞，守德之宅。世异事变，人道不殊，彼我易时，未知何如。今子乃以鸱枭而笑凤皇，[75]执蝘蜓而嘲龟龙，[76]不亦病乎！[77]子徒笑我玄之尚白，吾亦笑子之病甚，不遭臾跗、扁鹊，[78]悲夫！”

客曰：“然则靡玄无所成名乎？[79]范、蔡以下何必玄哉？[80]”

扬子曰：“范雎，魏之亡命也，[81]折胁拉髂，[82]免于徽索，[83]翕肩蹈背，[84]扶服入橐，[85]激卬万乘之主，界泾阳抵穰侯而代之，[86]当也。[87]蔡泽，山东之匹夫也，顉颐折頞，[88]涕涶流沫，西揖强秦之相，[89]搤其咽，炕其气，附其背而夺其位，[90]时也。[91]天下已定，金革已平，[92]都于雒阳，娄敬委辂脱挽，[93]掉三寸之舌，建不拔之策，举中国徙之长安，[94]适也[95]。五帝垂典，三王传礼，[96]百世不易，叔孙通起于枹鼓之间，[97]解甲投戈，遂作君臣之仪，得也。[98]甫刑靡敝，[99]秦法酷烈，圣汉权制，而萧何造律，宜也。[100]故有造萧何律于唐虞之世，则悖矣；[101]有作叔孙通仪于夏殷之时，则惑矣；[102]有建娄敬之策于成周之世，则缪矣；有谈范、蔡之说于金、张、许、史之间，则狂矣。[103]〔夫〕萧规曹随，[104]留侯画策，陈平出奇，功若泰山，向若阺隤，[105]唯其人之赡知哉，[106]亦会其时之可为也。故为可为于可为之时，则从；[107]为不可为于不可为之时，则凶。[108]夫蔺先生收功于章台，[109]四皓采荣于南山，[110]公孙创业于金马，[111]票骑发迹于祁连，[112]司马长卿窃訾于卓氏，[113]东方朔割〔炙〕于细君。[114]仆诚不能与此数公者并，[115]故默然独守吾太玄。”

【注释】

①解嘲：对别人的嘲笑进行辩解。 ②上世：指上古。③人纲人纪：指人们遵循的准则、人生的价值目标等。 ④析人之圭：指得到人主的封侯。析，分。圭，古时天子以圭封诸侯，诸侯执以朝天子。儋：同担，分享。 ⑤怀人之符：指受委托为大将出征。 ⑥纡：缠绕。拕：同拖。青：指青色绶，九卿所用。紫：指紫色绶，公侯所用。 ⑦朱丹其毂：意即能让自己乘上红色的车子。汉制，公侯及二千石以上，皆得乘朱轮。⑧不讳：没有忌讳。 ⑨金门：即金马门。汉制，从天下征召来的最优秀的士，得以待诏金马门，备顾问。玉堂：官署，略等于后世的翰林院。 ⑩画一奇，出一策：意即提出重大而有价值的意见。 ⑪说：同悦。谈：辩驳。 ⑫壹从壹衡：意即一会儿纵，一会儿横，变化莫测。战国有纵横家，或主张山东六国联合抗秦，或主张秦与东方某些国联合图谋另一些国。 ⑬顾：反而。 ⑭说：指疏解《太玄经》的传文之类。 ⑮纤：细微。无伦：精密无间。这句是说，《太玄》理论之精密，无懈可击。⑯意者：莫不是。玄：黑。这句意谓黑莫非还是白不是？这是讥笑扬雄无禄位。 ⑰拓落：即落拓，不得意的样子。 ⑱跌：失足。赤吾族：意即使吾族流血，指遭受灭族的灾难。 ⑲周罔：比喻周朝的统治。解结：犹言崩溃。 ⑳离为十二：即分裂为十二国：鲁、卫、齐、宋、楚、郑、燕、赵、韩、魏、秦、中山。合为六七：指上述十二国又演变为六七国：齐、燕、楚、韩、赵、魏六国，加上秦为七国。 ㉑矫：举。厉：振奋。 ㉒恣意：任意。存：止息。意谓这些士或仕或隐，任意出处。 ㉓自盛以橐：指范雎藏于橐中，才得以入秦，后遂发迹。这是指忍辱求仕。㉔凿坏(péi)：凿开墙壁。传说鲁君要派人请颜阖做相，阖听说，凿通墙壁逃走了。这是指坚决不仕。 ㉕驺衍：齐国的阴阳

家，其学说宏大不经。颉亢：指迂怪的学说。　㉖连蹇：处境困难的样子。万乘：指君主。　㉗“今大汉”数句：是说汉朝的疆域辽阔统一。东海，在会稽郡，今浙江东部。渠搜，古西戎国名，在今新疆北部一带。番(pān)禺，今广州市。陶涂，在今北京市东一带。　㉘东南一尉：指会稽郡的都尉，负守御镇抚之职。候：关隘上守望之所，此指玉门关候。这两句是说汉朝边防守卫之严。　㉙徽：捆。纠墨：即纠缠，都是绳索。质：即锧(zhì)，刀砧。铁(fū)：铡刀。这两句的纠、墨、锧、铁形容刑律约束之严密。　㉚风：教化。礼乐诗书：指用来教化的一套规范和工具。这两句形容教化的手段也很齐备。　㉛旷：花费。倚庐：指丧者的居所。汉制，不为亲者居丧三年，不得参加选举。这两句是说，施行礼教的一套制度也很严密。　㉜杂袭：形容纷纭众多。鱼鳞杂袭：像鱼鳞那样密密麻麻。　㉝八区：四面八方。　㉞稷(jì)、契(xiè)：都是传说中尧舜时代的贤臣。㉟咎繇：即皋繇，是上古著名的大臣，掌管刑法。　㊱缁(xī)：包发的头巾。垂缨：指系冠的丝带(缨)垂在腮下。阿衡：商代官名，因伊尹做过阿衡，后代即以阿衡称伊尹。　㊲晏婴：春秋时齐景公相。夷吾：即管仲。两人都辅佐君王，图谋霸业。㊳“乘雁”二句：意谓汉朝人才之众，来一个不觉其多，走一个不觉其少。乘雁，四只雁。　㊴三仁：指殷代微子、箕子、比干三位贤者。虚：同墟，变成废墟。传说殷不用这三位贤者，不久就亡了国。　㊵二老：指伯夷、姜尚。传说这两人归周，遂使周兴旺起来。炽：兴盛。　㊶子胥：姓伍名员(yún)，春秋时吴国大臣。吴王夫差没有听从子胥的劝谏，反而把他杀了。九年后，吴为越所灭。　㊷种、蠡：越国大臣文种、范蠡。他们二人帮助越王卧薪尝胆，最后打败了吴国，成了霸主。粤：同越。伯：霸。㊸五羖(gǔ)：指五羖大夫百里奚，秦穆公听说百里奚有才能，就设法招致他到秦国，与他谈论政治，十分高兴。　㊹乐毅：春秋时燕国著名将领，后为燕惠王所疑，遂逃往赵国，赵封他为望诸君，同来威胁燕齐，燕惠王十分恐惧。　㊺折摺：折断了肋骨、牙齿。范雎在魏遭受冤屈，被打折了肋骨、牙齿。逃到秦国后，劝说秦昭王驱逐了相国穰侯，自己拜了相。　㊻蔡泽：战国辩士，入秦为相。唐举：相士，他曾笑蔡泽下巴下垂经常闭不住口的样子（即噤吟）。　㊼萧：萧何。曹：曹参。子房：即张良。平：陈平。勃：周勃。樊：樊哙。霍：霍光。数人都是汉朝大臣，在关键时刻辅佐了汉室。　㊽亡事：无事。亡所患：没有可担心的事。　㊾驰骛：比喻大显身手。　㊿解缚而相：指管仲被鲍叔牙释放，并向齐桓公推荐为相。　51指殷的傅说穿着粗布衣在做苦工，被殷王武丁请去做了太傅。　52倚夷门而笑：夷门，魏都城大梁的东门。这句指夷门监者侯嬴为信陵君迎为上宾，后助信陵君设谋盗得兵符，出兵救赵的故事。　53这句指屈原在流放途中碰到的渔父，他劝屈原要与世沉浮。　54说而不遇：指孔子游说各国诸侯，到七十岁还无人用他。　55这句指战国谈士虞卿，他游说赵孝成王，只两次，就做上了赵的上卿。　56这句指齐桓公坚持要去见一个小臣稷，一天去了三次的故事。千乘：指诸侯。枉：委曲。　57这句指燕昭王迎接驺衍为师的故事。帚彗：即帚篲，笤帚。　58信其舌而奋其笔：指施展、发挥其智谋才能。信，伸。　59窒隙蹈瑕：犹言乘机。瑕，裂缝。无所诎：没有受到什么挫折。　60俯眉：指谦恭下士。61辟：罪。　62宛舌而固声：意即卷舌不言，人云亦云。63拟：揣度，比量。投迹：指按着人家的脚步走。　64乡使：假使。虖：同乎。　65孝廉、方正：都是汉代取士的科目。66独：只。抗疏：上书。　67闻：知道。罢：罢免不用。这两句是说，如果他们上疏谈得合皇帝胃口，最高的不过待诏公车，如果有所触犯，皇帝就说知道了，就让你回去。　68炎炎者：盛大的火光。　69隆隆者：隆隆不断的雷声。　70瞰：窥视。以上八句，系演绎《易经》“丰”卦之义而成，大意谓旺盛不能持久，显贵人家要家败人亡。　71攫拿者：妄取的人。　72宗危：一作

“高危”。　⑬知玄知默：指清静无为，不求闻达。　⑭爰：乃，于是。　⑮鸱枭：一种恶鸟。凤皇：即凤凰。此处暗用《庄子·秋水篇》鸱得腐鼠而吓鹓雏（凤凰的一种）的典故。　⑯蝘（yǎn）蜓（tíng）：壁虎。　⑰病：有毛病，错误。　⑱臾跗、扁鹊：都是古代良医。　⑲靡：无。　⑳这句意谓，你上面所说的范、蔡等人，难道都一定要凭谈玄才能显贵吗。　㉑亡命：亡命之徒。　㉒髂（qià）：腰骨。　㉓徽索：绳子。　㉔翕（xì）肩：缩着肩。　㉕扶服：同匍匐。　㉖激卬：同激昂，激怒。界泾阳：离间泾阳君。扺：从旁攻击。　㉗当：刚好碰上机会。　㉘顉颐折頞：指蔡泽下巴下垂，鼻梁塌陷。顉（qīn）颐，垂下下巴。頞（è），鼻梁。　㉙西揖强秦之相：指蔡泽见了拜相的范睢，长揖不拜，表现出傲慢的样子。　㉚搤（è）：同扼。炕：绝。附：同抚。扼咽绝气，是一种强硬手段；抚其背则是软的一手。这两句是说蔡泽对范睢软硬兼施，终于使范把相位让给他。㉛时：指时机凑巧。　㉜金革：武器，指战乱。　㉝娄敬：西汉时齐人，因向刘邦献策建都关中，赐姓刘，封关内侯。委：放下。脱：取下。辂：车前用来挽车的横木。挽：指挽车的皮带。㉞这里指娄敬献策徙都长安的故事。　㉟适：碰巧。　㊱垂典：流传下来的典籍。传礼：制礼作乐，并把它传下来。　㊲叔孙通：秦儒生，后降汉。枹（fú）：鼓槌。　㊳这两句是指刘邦初定天下时，群臣粗野，不懂礼节，叔孙通就替刘邦制定礼仪，使刘邦感到了皇帝的尊贵。　㊴甫刑：即《吕刑》，《尚书》篇名。周穆王命吕侯造的刑律。吕侯亦称甫侯。靡敝：败坏。　㊵这数句是说，当甫刑败坏，秦律又太严酷的时候，萧何制定汉律，就正适合时宜。　⑩悖：悖情违理。　⑩惑：不明事理。⑩金、张、许、史：指汉代的显宦和外戚金石（mì）磾（dī）、张安世、许广汉、史高。　⑩萧规曹随：萧何制定了法规，曹参遵随不变。　⑩阺隤：指山上高处的崖石崩塌下来。阺，同坻（shì），巴蜀之人把山上突出欲坠的崖石叫坻。隤（tuí），崩。　⑩赠知：富于智慧。赡(shàn)，足。 ⑩⑦为：作为，干。可为，可以干的事情。可为之时，可以做事的时机。从：顺利。 ⑩⑧凶：不吉利。 ⑩⑨蔺先生：即蔺相如。章台：秦国宫殿名。这里指蔺相如完璧归赵的故事。 ⑪⓪四皓：四个白发老人，秦汉之际的四个隐士，即东园公、绮里季、夏黄公、甪(lù)里先生。汉初，刘邦想废掉太子，吕后用张良计，请来四皓辅佐太子，太子的地位遂稳固。采荣：双关语，指隐士采花为食，又指他们采取荣誉。⑪①公孙：汉武帝时儒生公孙弘，他被征为贤良文学，赴京师对策，录取第一，于是拜为博士，待诏金马门。 ⑪②票骑：骠骑将军霍去病。汉武时，他率兵攻打匈奴，至祁连山，大获全胜，因此日见亲信，屡被加封。祁连，祁连山，在今甘肃省张掖西南。⑪③司马长卿：司马相如字。窃訾：是说财产来路不正。卓氏：指卓文君父卓王孙。司马相如以琴声诱卓文君私奔，后在临邛开酒店，文君当垆，自己穿犊鼻裈与仆人一起操作以羞卓王孙，王孙无奈，乃与文君奴婢百人，钱百万。 ⑪④东方朔：汉武帝时人，为人滑稽多智。细君：妻子。割炙于细君：为细君割炙。一次汉武帝赐从官肉，但主持其事的太官丞迟迟不来，东方朔遂割肉自去。太官丞把此事报告了武帝，武帝乃令东方朔自责。朔于是说："朔来朔来，受赐不待诏，何无礼也！拔剑割肉，一何壮也！割之不多，又何廉也！归遗细君，又何仁也！"武帝笑置之。 ⑪⑤并：并论，相比。

【品评】

如题所示，这是一篇对别人的嘲笑进行辩解的散文赋。文中通过今古才士遭遇的不同，揭露了西汉末年外戚专权，小人用事，竞尚逢迎，排斥异己的黑暗政治，表达了作者不愿同流合污的态度。

本文的最大特点是用典。由于作者学问渊博，掌握了众多的史实，所以文中每谈及一个论题，作者总是举出大量典实，或作类比，或作证明，使人觉得在读着一部上古至当时的才士发迹史。又由于作者具有十分深厚的语言功力，故能把如此众多的典故概括和融铸成精炼而有力的语言形式，给人以十分深刻的印象，如“夫上世之士，或解缚而相，或释褐而傅”一段，其语言真达到了炉火纯青的地步。

马第伯

东汉初人，生平不详，曾随光武帝登泰山，作《封禅仪记》，见《后汉书·祭祀志》注引应劭《汉官》。

封禅仪记[1]

车驾正月二十八日发雒阳宫，[2]二月九日到鲁，遣守谒者郭坚伯将徒五百人治泰山道。十日，鲁遣宗室诸刘及孔氏、[3]瑕丘丁氏上寿受赐，皆诣孔氏宅，赐酒肉。十一日发，十二日宿奉高。是日遣虎贲郎将先上山，三案行。还，益治道徒千人。十五日，始斋。[4]国家居太守府舍，诸王居府中，诸侯在县庭中斋。诸卿、校尉、将军、大夫、黄门郎、百官及宋公、卫公、褒成侯、东方诸侯、雒中小侯斋城外汶水上。太尉、太常斋山虞。[5]马第伯自云，某等七十人先之山虞，观祭山坛及故明堂宫郎官等郊肆处。[6]入其幕府，观治石。石二枚，状博平，圆九尺，此坛上石也。其一石，武帝时石也。时用五车不能上也，因置山下为屋，号五车石。四维距石长丈二尺，广二尺，原尺半所，四枚。检石长三尺，[7]广六寸，状如封箧。长检十枚。一纪号石，高丈二尺，广三尺，厚尺二寸，名曰立石。一枚，刻文字，纪功德。是朝上山骑行，往往道峻峭，下骑，步牵马，乍步乍骑，且相半，至中观留马。去平地二十里，南向极望无不睹。仰望天关，如从谷底仰观抗峰。其为高也，如视浮云。其峻也，石壁窅窱，[8]如无道径。遥望其人，端如行朽兀，[9]或为白石，或雪，久之白者移过树，乃知是人也。殊不可上，四布僵卧石上，有顷复苏。[10]亦赖赍酒脯，处处有泉水，目辄为之明。复勉强相将行，到天关，自以已至也，问道中人，言尚十余里。其道旁山胁，[11]大者广八九尺，狭者五六尺。仰视岩石松树，郁郁苍苍，若在云中。俯视溪谷，碌碌不可见丈尺。[12]遂至天门之下。仰视天门，窔辽如从穴中视天。[13]直上七里，赖其羊肠逶迤，名曰环道，往往有絙索，可得而登也。两从者扶挟，前人相牵，后人见前人履底，前人见后人顶，如画重累人矣，所谓磨胸捍石，[14]扪天之难也。初上此道，行十余步一休，稍疲，咽唇燋，五六步一休。牒牒据顿，[15]地不避湿暗，前有燥地，目视而两脚不随。早食上，晡后到天门。郭使者得铜物。铜物形状如钟，又方柄有孔，莫能识也，疑封禅具也。得之者汝南召陵人，姓阳名通。东上一里余，得木甲。木甲者，武帝时神也。东北百余步，得封所，始皇立石及阙在南方，汉武在其北。二十余步得北垂圆台，高九尺，方圆三丈所，有两陛。人不得从，上从东陛上。台上有坛，方一丈二尺所，上有方石，四维有距石，四面有阙。乡坛再拜谒，人多置钱物坛上，亦不扫除。国家上见之，则诏书所谓酢梨酸枣狼藉，散钱处数百，币帛具，道是武帝封禅至泰山下，未及上，百官为先上跪拜，置梨枣钱于道以求福，即此也。东山名日观，日观者，鸡一鸣时，见日始欲出，长三丈所，秦观者望见长安，吴观者望见会稽，周观者望见嵩山。北有石室，坛以南有玉盘，中有玉龟。山南胁神泉，饮之极清美利人。日入下去，行数环。日暮时颇雨，不见其道，一人居其前，先知蹈有人，乃举足随之。此至天门下，夜人定矣。

【品评】

①封禅：是古代帝王登泰山祭天的典礼。光武帝建武三十二年，曾举行此礼。本文为马第伯随从登山的见闻。 ②车驾：指光武帝。雒阳：即洛阳。 ③鲁：指鲁地(今山东曲阜一带)的地方官，亦即太守。 ④斋：指古代在祭神前，参加祭礼的人先要独居清心，以示虔敬。 ⑤山虞：指管理山林的小官官署。 ⑥明堂宫：指古代帝王在泰山下召见诸侯之处。 ⑦检石：古代刻石的封盖。 ⑧窅窱(yǎo tiǎo)：幽深貌。 ⑨端：直。朽兀：残木。此句言远望行人，不见面目。 ⑩"四布"二句：言与马第伯同行者皆疲极，卧于石上，少顷，体力始复。 ⑪山胁：指道旁峰峦。 ⑫碌碌：多石而不平也。 ⑬窔(yào)辽：深而且广。 ⑭捫石：言攀石而升也。 ⑮牒牒：通"叠叠"。

【品评】

这是我国现存最早的一篇山水游记。作者本意是记录他随从光武帝登泰山举行封禅大典的见闻，本无意于写景。但他记录登山的情况却很细致。特别是写在山上遥望过往的行人一段，写人的行走，不见面目，但见白色的衣服，如同白石或雪，只是在见行人走过树木时，发现白色的物体在移动，才知道是行人。这种描写，非常逼真。在写到山路的艰险时，用"后人见前人履底，前人见后人顶"，说明他所经过的是一段直壁，几乎与地面成九十度角。这一段里程，今人在攀登泰山时，还可以见到。又如写山旁的岩石松树说"郁郁苍苍，若在云中"，俯视溪谷，又是"碌碌不可见丈尺"，不但语言生动，富于形象，而且对行人来说，又是这样险峻，颇使人有心惊目眩，如同亲历的感觉。文中还写到泰山顶上所见前代人举行封禅仪式时留下的种种遗迹，也可以使我们知道当时所谓封禅仪式的种种细节。作者本无意于为文，但这些如实的记载，却对后人的游记起了先导作用。其中有些辞语，如用“郁郁苍苍”形容树木的茂盛，就对后来的文学作品有所启发，如刘桢的“珍木郁苍苍”(《公宴》)、苏轼的“郁乎苍苍”(《赤壁赋》)皆出于此。可见此文在文学语言方面，亦有其不可低估的影响。

赵　壹

东汉末年人,生卒年不详。字元叔,汉阳西县(今甘肃省天水西南)人。为人耿介倨傲,曾因事几至判处死刑,幸得友人救助乃免。后为上计吏入京,为司徒袁逢、河南尹羊涉等所器重,名动京师,士大夫争与交结。屡次为官府辟命,皆不就。作品以《刺世嫉邪赋》最著名。

刺世嫉邪赋[1]

伊五帝之不同礼,[2]三王亦又不同乐,[3]数极自然变化,[4]非是故相反驳。[5]德政不能救世溷乱,[6]赏罚岂足惩时清浊?[7]春秋时祸败之始,战国愈复增其荼毒。[8]秦、汉无以相逾越,乃更加其怨酷。[9]宁计生民之命,[10]唯利己而自足。

于兹迄今,[11]情伪万方。[12]佞谄日炽,[13]刚克消亡。[14]舐痔结驷,[15]正色徒行,[16]妪媀名势,[17]抚拍豪强。[18]偃蹇反俗,立致咎殃。[19]捷慑逐物,[20]日富月昌。浑然同惑,[21]孰温孰凉。邪夫显进,直士幽藏。[22]

原斯瘼之攸兴,实执政之匪贤。[23]女谒掩其视听兮,[24]近习秉其威权。[25]所好则钻皮出其毛羽,所恶则洗垢求其瘢痕。[26]虽欲竭诚而尽忠,路绝崄而靡缘。[27]九重既不可启,[28]又群吠之狺狺。安危亡于旦夕,肆嗜欲于目前。[29]奚异涉海之失柂,积薪而待燃。[30]荣纳由于闪揄,[31]

孰知辨其蚩妍。[32]故法禁屈挠于势族，恩泽不逮于单门，[33]宁饥寒于尧舜之荒岁兮，不饱暖于当今之丰年。乘理虽死而非亡，违义虽生而匪存。[34]

有秦客者，[35]乃为诗曰：河清不可俟，[36]人命不可延。顺风激靡草，[37]富贵者称贤。文籍虽满腹，[38]不如一囊钱。伊优北堂上，[39]抗脏倚门边。[40]

鲁生闻此辞，系而作歌曰[41]：势家多所宜，[42]咳唾自成珠，[43]被褐怀金玉，[44]兰蕙化为刍。[45]贤者虽独悟，[46]所困在群愚。[47]且各守尔分，[48]勿复空驰驱。[49]哀哉复哀哉，此是命矣夫！

【注释】

①刺世嫉邪：即讥刺嫉恨世间的邪恶之意。　②伊：发语词。五帝：《史记》以黄帝、颛顼、帝喾、尧、舜为五帝。还有其他说法。礼：礼制。　③三王：指夏、商、周三代的开国君主，即夏禹、商汤、周文、周武王。乐：音乐。古时制礼作乐是朝廷大事，故以礼乐指政治。　④数：气数。　⑤非是：即是非。反驳：互相排斥。　⑥溷（hún）乱：浊乱。　⑦惩：惩戒。　⑧“春秋”二句：意谓春秋时代是出现灾祸和世道败坏的开始，到了战国就更厉害了。时，通是。荼毒，荼（fú），一种苦菜；毒，毒物。比喻人的苦难。　⑨“秦汉”两句：是说到了秦汉时代，情况没有好转，反而更加严重了。　⑩计：考虑。生民：人民。　⑪兹：那时。　⑫情伪：弊病。万方：形形色色，多种多样。　⑬佞（nìng）谄（chǎn）：巧媚善辩，奉承拍马。炽：炽盛，兴盛。⑭刚克：刚强正直。　⑮舐（shì）痔结驷：《庄子·列御寇篇》中说，曹商为秦王舐痔，遂得车五乘。所谓“所治愈下而得车愈多”。这里指小人佞谄的手段愈卑下，得到的赏赐就愈多。驷，四匹马拉的车。　⑯正色：正直的人。徒行：徒步而行，即没有

车子。 ⑰妪(yù)媽(qǔ):伛偻,屈背。这里是动词。名势:指名声显赫、势位高贵的人。 ⑱抚拍:形容亲昵献媚的样子。⑲偃蹇:高傲不同流俗的样子。致:招致。 ⑳捷慑:又快又小心的样子。逐物:追逐名利权势。 ㉑浑然:形容不分是非的样子。 ㉒显进:显耀晋升。幽藏:深藏,喻名不称于世。㉓斯瘼(mó):这个弊病。攸兴:即所兴起的原因。原:考查,探究。实:助词。匪贤:不贤。 ㉔女谒:宫中的妇女和宦官。㉕近习:皇帝所亲昵的人。秉:秉持,把握。 ㉖"所好"两句:意谓那些女谒近习对所喜欢的人就想尽办法称扬提拔,对所讨厌的人就千方百计挑剔攻击。 ㉗"虽欲"两句:是说正直的人虽想要竭诚尽忠,但也没有途径和机会。靡,无。 ㉘九重:指君门。 ㉙"安危亡"二句:是说统治者面对危亡仍穷奢极欲,安之若素。安危亡,安于危亡。肆嗜欲,放肆地满足欲念,没有节制。 ㉚柂(yì):船舵。 ㉛荣纳:受宠信而被采纳。闪揄(yú):邪恶巧辩的样子。 ㉜蚩(chī)妍:丑恶和美好。 ㉝单门:无权无势的孤门细族。 ㉞"乘理"二句:是说坚持真理,虽死犹生,违背道义,虽存犹亡。乘理,坚持真理。匪存,不存在,即死亡。 ㉟秦客:与下文的鲁生,都是假托的人物。 ㊱河清不可俟:黄河水清的时候是等待不到的。古人把黄河水清比喻政治清明的到来。 ㊲激:疾吹。靡草:细弱的小草。㊳文籍:文章典籍,比喻学问。 ㊴"伊优"句:谓卑躬屈膝,善于谄媚的人被接纳上了高堂。北堂,在北的厅堂,富贵者所居。㊵"抗脏"句:谓正直高尚的人被疏弃,只能倚在门边。 ㊶系:接着。 ㊷这句是说,有权势者干什么都是对的。 ㊸这句是说,他们咳嗽的唾沫,也被说成珍珠。 ㊹被褐:穿粗布衣的人。被,披着。 ㊺兰蕙:香草。刍:喂牲口的草料。这句是说,无势位者即使贤能,也被视为刍草。 ㊻独悟:独自醒悟。㊼这句是说,被愚蠢的人所困扼。 ㊽尔分:你的本分。㊾驰驱:喻奔走。

【品评】

从文学史角度说，这首赋是汉末抒情小赋兴起和发展的产物，但它在形式上有自己的特点，此即在赋末以引用五言诗的形式来点明题旨，收束本文。这一形式，上溯可以看作是对骚体赋“辞曰”这一收束方式的继承，下则开了魏晋南北朝抒情小赋的一种格式，如萧纲、庾信的《灯赋》《镜赋》等作品。同时，还对诗之融入赋体开了某种途径。

如本赋赋题所示，该作品抒发了作者强烈而炽热的“刺世嫉邪”的激愤之情。这种愤激之所以如此强烈集中，对比手法的集中大量运用，是重要的因素之一。纵观该赋，作者始终把佞谄和正色、邪和直、蚩和妍、乘理和违义这些对立的东西对比着来写，并尖锐地揭露出佞谄邪恶反而左右逢源、正直良善反而处处碰壁的黑暗现状，格外增强了文章暴露的力量，使读者的情感与作者所抒之情产生强烈地共鸣。

孔　融(153—208)

字文举,鲁国(今山东省曲阜一带)人,汉末名士,“建安七子”之一。融为人好学,秉性刚直,历任北海相、少府、大中大夫等职。后因屡次触怒曹操而被杀。他在文学上的成就主要是散文,为文多用骈俪,且善以气运词,故前人说他的文章是“飞辩骋词,溢气坌涌”。有《孔北海集》。

论盛孝章书[1]

岁月不居,[2]时节如流。五十之年,忽焉已至。[3]公为始满,融也过二。[4]海内知识,[5]零落殆尽。[6]惟有会稽盛孝章尚存。其人困于孙氏,[7]妻孥湮没;[8]单孑独立,孤危愁苦。若使忧能伤人,此子不得永年矣。[9]《春秋传》曰:[10]诸侯有相灭亡者,桓公不能救,则桓公耻之。今孝章,实丈夫之雄也,[11]天下谈士,依以扬声,[12]而身不免于幽絷,命不期于旦夕。[13]吾祖不当复论损益之友,而朱穆所以绝文也。[14]公诚能驰一介之使,加咫尺之书,则孝章可致,友道可弘矣。[15]

今之少年,喜谤前辈,[16]或能讥评孝章。孝章要为有天下大名,九牧之人,[17]所共称叹。燕君市骏马之骨,非欲以骋道里,乃当以招绝足也。[18]惟公匡复汉室,[19]宗社将绝,又能正之。正之术,实须得贤。[20]珠玉无胫而自至者,[21]以人好之也,[22]况贤者之有足乎?昭王筑台以尊郭隗，隗虽小才，而逢大遇，竟能发明主之至心，故乐毅自魏往，剧辛自赵往，邹衍自齐往。[23]向使郭隗倒悬而王不解，[24]临难而王不拯，则士亦将高翔远引，[25]莫有比首燕路者矣。[26]

凡所称引，自公所知，而复有云者，欲公崇笃斯义，[27]因表不悉。[28]

【注释】

①盛孝章：盛宪字孝章，会稽(今浙江绍兴)人，曾任吴郡太守，后去职。孙策平定吴、会，孝章深为其所忌。孔融素与孝章善，知其处境困难，乃写了此书给曹操，操由是征孝章为都尉。操命未至，孝章果为孙策所害。 ②居：停。 ③忽焉：忽然，很快的样子。 ④“公为”二句：意谓公(指曹操)正好五十岁，而孔融自己已经五十二岁了。据此，孔融是书作于公元205年。 ⑤知识：认识、知道的朋友。 ⑥零落殆尽：意谓死得差不多了。 ⑦孙氏：指孙策。 ⑧妻孥湮没：指妻子儿女都死散了。 ⑨永年：长寿。 ⑩《春秋传》：这里指《春秋公羊传》。传谓邢国为狄所灭，身为霸主的齐桓公不能救援，这是桓公的耻辱。 ⑪丈夫之雄：男子汉中的杰出人物。 ⑫“天下”二句：意谓天下的士大夫，靠盛孝章的评论而得以扬名。 ⑬“而身”二句：形容孝章处境险恶。幽絷，被捕入狱。期，预料。⑭“吾祖”二句：意谓如果盛孝章处境如此险恶，而竟没人能救助他，那么我的祖先孔子就不应当再谈交友之道，而朱穆正应当著《绝交论》来抨击淡薄的世风了。吾祖，指孔子，孔融是孔子的后裔。孔子论“损益三友”，见《论语·季氏》。朱穆，东汉人，著有《绝交论》。 ⑮“公诚能”数句：谓公果然能派遣一位使者，带着一封聘请的书信，那么孝章就一定能招致而来，而社会上交友的道义也一定能得以弘扬。一介、咫尺，都是极言办

这些事情很容易。 ⑯谤：讪谤，贬损。 ⑰九牧：九州，意即全天下。 ⑱“燕君”数句：《战国策》载郭隗与燕昭王说，古有君王派使者携重金购买千里马。当使者找到千里马时，千里马已经死了，使者就花了五百金买了马骨回来了。王怒，谓马骨何用，要把使者处死了。使者说，如果天下知道您连千里马的死骨尚且买下，那么活的千里马还会不接踵而至吗？果然，一年当中，千里马来了三匹。骋道里，跑多少多少里路。招绝足，招致绝代的良马。 ⑲匡复汉室：当时曹操打着匡助复兴汉室的旗号，所谓“挟天子而令诸侯”，故孔融才这样说。 ⑳得贤：得到贤能的人（襄助）。 ㉑无胫而自至：没有腿而自己到来。胫，小腿。 ㉒好：喜爱。 ㉓“昭王”以下数句：据《战国策·燕策一》，燕被齐打败以后，燕昭王对郭隗说，国小力弱，只有招纳天下贤士，才能富国强兵，报仇雪耻。现在我请先生把贤士推荐给我，我要亲身服侍他。郭隗说，君上一定要这样的话，请先从我这里开始。天下人看到吾王对我尚且如此，真正的贤士就一定会接踵而至。于是燕昭王为郭隗筑宫，尊他为老师。天下贤士见此，于是魏的乐毅、赵的剧辛、齐的邹衍都投奔燕昭王去了。大遇，隆重的礼遇。发明主之至心，阐扬英明君主至诚的心意。 ㉔倒悬：人给倒挂着，喻极度痛苦。解：解救。 ㉕远引：远远地避开。 ㉖比首燕路：一个接一个奔走在去燕国的道路上。比首，头挨着头，极言其多。 ㉗斯义：指尊重贤士的意义。 ㉘不悉：不一一陈述。

【品评】

本文共分两部分。第一部分主要从自己说，为了“友道”，必须推荐盛孝章，义不容辞。第二部分主要从曹操说，为了“用贤”，必须招致盛孝章，刻不容缓。通过这两方面的论说，带出了盛孝章的处境、才干、声望，以及招致的意义，写法上画龙点睛，非常经济扼要，值得借鉴。

本文语言的骈俪倾向已经比较明显，表现了汉末文章向骈俪化方向发展的趋势。但孔融本文又有他自己的特点，就是在整饬的句式中时时穿插一些散行单句以及虚词助字，使整饬中又有错落，于是就形成了他文章中的“气”。“溢气坌涌”在语言上的表现就在于此。

祢　衡(173—198)

字正平，平原般(今山东临邑东北)人。少有才辩，长于笔札。性刚傲物。曹操欲见之，衡自称狂病，不肯往。操乃召为鼓史，大会宾客，欲当众辱衡，反为衡所辱，操怒，遣送荆州刘表，复不合，转送江夏太守黄祖，终为黄祖所杀。祢衡原有集，已失传。

鹦鹉赋

时黄祖太子射，[1]宾客大会，有献鹦鹉者，举酒于衡前曰：祢处士，[2]今日无用娱宾，[3]窃以此鸟自远而至，明慧聪善，[4]羽族之可贵，[5]愿先生为之赋，使四座咸共荣观，[6]不亦可乎？衡因为赋，笔不停缀，[7]文不加点，其辞曰：

惟西域之灵鸟兮，[8]挺自然之奇姿。[9]体金精之妙质兮，[10]合火德之明辉。[11]性辩慧而能言兮，才聪明以识机。[12]故其嬉游高峻，[13]栖跱幽深，[14]飞不妄集，翔必择林。绀趾丹觜，[15]绿衣翠衿。采采丽容，[16]咬咬好音。[17]虽同族于羽毛，固殊智而异心。[18]配鸾皇而等美，[19]焉比德于众禽。[20]于是羡芳声之远畅，[21]伟灵表之可嘉。[22]命虞人于陇坻，[23]诏伯益于流沙。[24]跨昆仑而播弋，[25]冠云霓而张罗。[26]虽网维之备设，终一目之所加。[27]且其容止闲暇，[28]守植安停，[29]逼之不惧，抚之不惊。宁顺从以远害，不违迕以丧生。故献全者受赏，而伤肌者被刑。[30]

尔乃归穷委命，[31]离群丧侣。闭以雕笼，剪其翅羽。飘流万里，崎岖重阻。逾岷越障，[32]载罹寒暑。[33]女辞家而适人，臣出身而事主。彼贤哲之逢患，犹栖迟以羁旅。矧禽鸟之微物，[34]能驯扰以安处。[35]眷西路而长怀，望故乡而延伫[36]。忖陋体之腥臊，亦何劳于鼎俎。[37]

嗟禄命之衰薄，[38]奚遭时之险巇。[39]岂言语以阶乱，[40]将不密以致危。[41]痛母子之永隔，哀伉俪之生离。匪余年之足惜，[42]愍众雏之无知。[43]悲蛮夷之下国，侍君子之光仪。[44]惧名实之不副，耻才能之无奇。羡西都之沃壤，[45]识苦乐之异宜。[46]怀代越之悠思，[47]故每言而称斯。[48]

若乃少昊司辰，[49]蓐收整辔。[50]严霜初降，凉风萧瑟。长吟远慕，[51]哀鸣感类。[52]音声凄以激扬，[53]容貌惨以憔悴。闻之者悲伤，见之者陨泪。[54]放臣为之屡叹，[55]弃妻为之歔欷。[56]

感平生之游处，若埙篪之相须。[57]何今日之两绝，若胡越之异区。[58]顺笼槛以俯仰，[59]窥户牖以踟蹰。想昆山之高岳，思邓林之扶疏。[60]顾六翮之残毁，[61]虽奋迅其焉如。[62]心怀归而弗果，徒怨毒于一隅。[63]苟竭心于所事，敢背惠而忘初。[64]记轻鄙之微命，委陋贱之薄躯。期守死以报德，[65]甘尽辞以效愚。恃隆恩于既往，[66]庶弥久而不渝。[67]

【注释】

①黄祖：东汉末年江夏（今湖北省武汉市一带）太守。太子射（yì）：指黄祖长子黄射。因黄祖割据一方，犹如诸侯，故称黄射为太子。　②处士：没任过官职的人。　③用：以。　④窃

以:私下里认为。窃,谦词。 ⑤羽族:鸟类。 ⑥咸:都。荣观:增光。⑦缀:连缀,指属词作文。 ⑧西域:西方的土地,这里指陇西地区,相传此地出产鹦鹉。 ⑨挺:挺出,突出。⑩体:体现,表现出。金精:五行学说(金、木、水、火、土)中西方属金,鹦鹉产于西域,故言它表现了金的德性。 ⑪火德:火属南方,于色为红。鹦鹉的嘴呈红色,所以又说它合于火德。辉:同辉。 ⑫辩慧:有口才。识机:懂得事物深奥微妙的道理。⑬高峻:指高山。 ⑭跱(zhì):栖息。 ⑮绀:黑红色。觜(zuǐ):同嘴,特指鸟喙。 ⑯采采:色彩美丽的样子。 ⑰咬咬:鸟鸣声。 ⑱两句谓鹦鹉虽属鸟类,但智慧出众,与其它不同。 ⑲皇:同凰,即凤凰。 ⑳焉:岂能。 ㉑羡:倾羡。指倾羡鹦鹉之美德,故以下写如何命虞人捕猎。 ㉒伟灵表:赞赏它神奇的姿态。伟,以为伟。 ㉓虞人:掌管山泽禽兽的官员。陇坻:陇山,在今陕西、甘肃境内。 ㉔伯益:人名,相传为舜的虞人。流沙:地名,相传在西部沙漠地带。 ㉕播弋:射箭。弋,带有细绳的箭。 ㉖这句是说,张开罗网于云霓之上。这是极言罗网之广大。 ㉗这两句是说,网罗虽广,但真正网住鹦鹉的,只是网上的一眼。 ㉘容止:表情举止。闲暇:从容悠闲。 ㉙植:志。安停:坚定不移。 ㉚两句是说,捕到鹦鹉没有伤害它的,就得到奖赏,伤害了它的,就受到惩罚。 ㉛尔乃:于是。归穷:陷入困境。委命:听天由命。 ㉜逾岷越障:岷,岷山,在今四川省境内。障,障山,在今甘肃省境内。㉝载:语助词。罹:经历。 ㉞矧(shěng):何况。 ㉟能:怎能。 ㊱两句形容鹦鹉怀念故乡。眷,怀念。延伫,徘徊伫立。㊲两句写鹦鹉的内心活动:自己的躯体腥臊味恶,不至于被人们杀掉煮食吧。忖,思忖,猜度。 ㊳嗟:叹息之辞。以下即是鹦鹉的慨叹。禄命:命运。 ㊴奚:为什么。险巇(xī):险恶,不平坦。 ㊵阶乱:惹祸,导致祸乱的阶梯。 ㊶将:抑或,还是。不密:不周详严密。 ㊷匪:同非。 ㊸愍(mǐn):即悯字,怜悯。 ㊹光仪：显赫的仪表。 ㊺西都：指长安。 ㊻宜：事。 ㊼代越：代即代郡，在今山西北部；越即南越，在今广东广西一带。此指背乡离井。 ㊽斯：指怀念故乡的心情。㊾少昊(hào)：传说中主宰秋令的神。司辰：掌管这段时间。㊿蓐(rù)收：传说中同为主宰秋令的神。整辔：犹驾车。传说认为时间的消逝是由于时间之神驾着时间之车不停地在行进。51远慕：对远方的怀念。 52感类：感动同类。 53凄以激扬：凄伤而激扬。 54陨泪：落泪。 55放臣：被放逐的臣子。56歔(xū)欷(xī)：哽咽，哭泣。 57这两句是说，感叹人生之需要朋友，就像埙和篪需要互相配合协调，才能奏出和谐的音乐一样。游处，朋友。埙(xūn)，古代一种土制乐器。篪(chí)，古代一种竹制乐器。 58胡越：胡指北方，越指南方，比喻相距遥远的两地。 59笼槛：指关鸟的两个笼子。 60邓林：古代神话，夸父追日，半路中丢下的手杖化作了一片树林，叫做邓林。想昆山两句是说，鹦鹉关在笼子里，向往高山密林中自由自在的生活。 61六翮(hé)：鸟的翅膀。 62这句是说，虽然想要奋飞，但又能飞向何处？焉如，去哪儿。 63怨毒：怨恨。64这两句是说，鹦鹉在无可奈何中改变想法，设想自己能尽心于目前的主人，不忘他当初的恩惠。 65期：希望。 66恃：依靠，任藉。 67庶：或许。

【品评】

这是一首咏物小赋。好的咏物赋，要能在具体生动地描摹出所咏对象之特点或特性的同时，还能在其中透出作者的思想感情，有所寄托，或者表达出作者于物理中，体悟到的人情。从这一角度看，祢衡此赋应是一篇出色的作品。

作者刻画的鹦鹉形象，不但具有高雅美好的外表（采采丽容，咬咬好音），还有着优秀的内质（体金精之妙质，合火德之明辉）和杰出的才能（辩慧能言、聪明识机），而自由自在地生活在高峻幽深之中。然而正由于它形质双美,遂不幸被势位者所网罗,沦为玩物,剥夺了自由,经受着种种煎熬。在无比的悲愤怨恨中,它也想到挣扎和奋飞,但面对着笼槛和自己的断翮残翅,它还能飞到哪里去呢?最后,在万般不得已中,它也想到认命来服侍新主吧,然而这只能更加深它的痛苦!联系祢衡自己的志行性情和遭遇,鹦鹉形象的寄托就很清楚了。

曹 操(155—220)

字孟德,沛国谯(今安徽亳州附近)人。汉中常侍曹腾养子嵩之子。年二十,举孝廉,除洛阳北部尉,曾为骑都尉、济南相。灵帝时,为典军校尉。灵帝崩,与袁绍谋诛宦官,不成,间行东归。后起兵与袁绍等人讨董卓。又击降黄巾,领兖州牧。献帝建安元年,迎帝都许昌,遂执朝权。又败袁绍于官渡,渐次统一北方。建安二十五年卒,年六十六。及曹丕代汉,追谥为魏武帝。曹操善诗,所作多为乐府,亦善散文,文风质朴刚健。明人辑有《魏武帝集》。

让县自明本志令

孤始举孝廉,年少,自以非岩穴知名之士,恐为海内人之所见凡愚,欲为一郡守,好作政教,以建立名誉,使世士明知之。故在济南始除残去秽,平心选举。违迕诸常侍,[1]以为强豪所忿,恐致家祸,故以病还。去官之后,年纪尚少,顾视同岁中年有五十,未名为老。内自图之,从此却去二十年,待天下清,乃与同岁中始举者等耳。[2]故以四时归乡里,于谯东五十里筑精舍,欲秋夏读书,冬春射猎,求底下之地,欲以泥水自蔽,[3]绝宾客往来之望。然不能得如意。后征为都尉,迁典军校尉,意遂更欲为国家讨贼立功,欲望封侯,作征西将军,然后题墓道言“汉故征西将军曹侯之墓”,此其志也。而遭值董卓之难，兴举义兵，是时合兵能多得耳，然常自损，不欲多之。所以然者，兵多意盛，与强敌争，倘更为祸始。故汴水之战数千，[④]后还，到扬州更募，亦复不过三千人，此其本志有限也。后领兖州，破降黄巾三十万众。又袁术僭号于九江，下皆称臣，名门曰建号门，衣被皆为天子之制，两妇预争为皇后。志计已定，人有劝术使遂即帝位，露布天下，答言："曹公尚在，未可也。"后孤讨禽其四将，获其人众，遂使术穷亡解沮，发病而死。及至袁绍据河北，兵势强盛，孤自度势实不敌之，但计投死为国，以义灭身，足垂于后，幸而破绍，枭其二子。又刘表自以为宗室，包藏奸心，乍前乍却，以观世事，据有荆州，孤复定之，遂平天下。身为宰相，人臣之贵已极，意望已过矣。今孤言此，若为自大，欲人言尽，故无讳耳。设使国家无有孤，不知当几人称帝，几人称王。或者人见孤强盛，又性不信天命之事，恐私心相评，言有不逊之志，妄相忖度，每用耿耿。齐桓、晋文所以垂称至今日者，以其兵势广大，犹能奉事周室也。《论语》云："三分天下有其二，以服事殷，周之德，可谓至德矣。"[⑤]夫能以大事小也。昔乐毅走赵，赵王欲与之图燕，乐毅伏而垂泣，对曰："臣事昭王犹事大王，臣若获戾，放在他国，没世然后已，不忍谋赵之徒隶，况燕后嗣乎？"胡亥之杀蒙恬也，恬曰："自吾先人及至子孙，积信于秦三世矣。今臣将兵三十余万，其势足以背叛，然自知必死而守义者，不敢辱先人之教，以忘先王也。"孤每读此二人书，未尝不怆然流涕也。孤祖父以至孤身，皆当亲重之任，可谓见信者矣。以及子植（桓）兄弟，[⑥]过于三世矣。孤非徒对诸君说此也。常以语妻妾，皆令深知此意。孤谓之言：顾我万年之后，汝曹皆当出嫁，欲令传道我心，使他人皆知之。孤此言皆肝鬲之要也，[7]所以勤勤恳恳叙心腹者，见周公有《金縢》之书以自明，[8]恐人不信之故。然欲孤便尔委捐所典兵众以还执事，归就武平侯国，实不可也。何者，诚恐已离兵为人所祸也。既为子孙计，又已败则国家倾危，是以不得慕虚名而处实祸，此所不得为也。前朝恩封三子为侯，固辞不受，今更欲受之，非欲复以为荣，欲以为外援，为万安计。孤闻介推之避晋封，申胥之逃楚赏，[9]未尝不舍书而叹，有以自省也。奉国威灵，仗钺征伐，推弱以克强，处小而禽大，意之所图，动无违事，心之所虑，何向不济，遂荡平天下，不辱主命，可谓天助汉室，非人力也。然封兼四县，食户三万，何德堪之。江湖未静，不可让位，至于邑上，可得而辞。今上还阳夏、柘、苦三县，户二万，但食武平万户，且以分损谤议，少减孤之责也。

【注释】

①诸常侍：指汉末弄权之宦官。　②乃与同岁中始举者等耳：指曹操始举孝廉时年龄少同举者二十岁。所以二十年后，乃与同岁中始举者年相若。　③欲以泥水自蔽：喻隐名姓，不使人知。　④汴水之战：指初平元年曹操参与讨董卓之役，败于荥阳汴水。　⑤《论语》云：见《论语·泰伯》。　⑥子植：当为“子桓”（曹丕字）之误。　⑦鬲：同膈。　⑧周公有《金縢》之书以自明：指周武王死后，周公辅成王，管叔、蔡叔散布流言，使成王疑周公，周公出居于豳。后成王发金縢中所藏周公愿以身代武王死之祷事，乃感悟。事见《尚书·金縢》。　⑨介推：即介之推，春秋时晋文公臣，从晋文公流亡在外，及归，不言禄，禄亦不及，遂隐。申胥：即申包胥，春秋末楚臣。吴伐楚，入郢，申包胥为之乞师于秦以复楚，楚王封之，辞。

【品评】

这篇文章作于建安十五年(210),距离赤壁之战约两个年头。本来,曹操在官渡之战及削平刘表的荆州以后,已显示出要席卷全国之势,但赤壁一战,粉碎了这个梦想。当时曹操的政敌们正在活动,因此他说:“然欲孤便尔委捐所典兵众以还执事,归就武平侯国,实不可也。何者?诚恐己离兵为人所祸也,既为子孙计,又己败则国家倾危,是以不得慕虚名而受实祸。”这的确能说明曹操当时的处境。曹操在这种情况下,发表这样一个宣言,其中有一些是真实的,有一些大约是表面文章。他叙述自己早年出仕,只想做一个征西将军,封一个侯爵。只是后来的事变,使他“身为宰相,人臣之贵已极”,这个过程大致是真实的。他自夸“设使国家无有孤,不知当几人称帝,几人称王”,这大约是合乎事实的。他又说自己要忠于汉朝,并无觊觎帝位之心。这在当时,也许有一些真实性,因为当时的历史条件,使他还有所顾忌。但是曹魏代汉的形势,正是在曹操时形成的。这篇文章写得比较直率,很少雕琢,这和战国秦汉间一些法家的文章比较相近。在文章中,可以清楚地看出曹操这一历史人物性格中的一些方面。在他的文章中,此文是最有代表性的。

曹　丕(187—226)

字子桓,沛国谯(今安徽省亳州)人,曹操子。初为五官中郎将,曹操死后,嗣位为丞相、魏王。公元220年,迫汉献帝禅位,建立魏王朝,是为魏文帝。曹丕的文学成就主要表现在诗歌方面,但他的文章也很有特色,《典论·论文》更是一篇开文学批评风气的重要论文。

与朝歌令吴质书[①]

五月二十八日,丕白。季重无恙。[②]涂路虽局,[③]官守有限,[④]愿言之怀,良不可任。[⑤]足下所治僻左,[⑥]书问致简,[⑦]益用增劳。[⑧]

每念昔日南皮之游,[⑨]诚不可忘。既妙思六经,[⑩]逍遥百氏,[⑪]弹棋闲设,[⑫]终以六博,高谈娱心,哀筝顺耳;[⑬]驰骋北场,旅食南馆,浮甘瓜于清泉,沈朱李于寒水。白日既匿,[⑭]继以朗月,同乘并载,以游后园,舆轮徐动,参从无声,[⑮]清风夜起,悲笳微吟,[⑯]乐往哀来,怆然伤怀。余顾而言,斯乐难常,足下之徒,咸以为然。今果分别,各在一方,元瑜长逝,[⑰]化为异物。每一念至,何时可言。

方今蕤宾纪时,[⑱]景风扇物,[⑲]天气和暖,众果具繁。时驾而游[⑳],北遵河曲,[㉑]从者鸣笳以启路,[㉒]文学托乘于后车。[㉓]节同时异,[㉔]物是人非,我劳如何。[㉕]今遣骑到邺,[㉖]故使枉道相过。[㉗]行矣自爱。[㉘]丕白。

【注释】

①吴质:字季重,因爱好文学而成为曹丕的好友。后官至振威将军,假节都督河北诸军事,封列侯。当时任朝歌(今河南淇县)令。 ②无恙:问候语,犹现代之"您好吧"。恙,病。 ③涂:同途。局:近。 ④官守:官位。有限:有一定的职责纪律的限制。 ⑤"愿言"二句:要(向朋友)倾吐的心情,实在抑制不住。愿言:即言,愿是动词词头。任:当。 ⑥所治:指吴质担任县令的朝歌。僻左:偏远。 ⑦书问致简:问候的书信很少。简,少。 ⑧益用增劳:更增加了(思念)之苦。 ⑨南皮:地名,在今河北省。 ⑩六经:儒家的六部经典《诗》、《书》、《礼》、《乐》、《易》、《春秋》,总称六经。 ⑪百氏:指诸子百家的学说。 ⑫弹棋:和下文的"六博",都是棋类游戏。 ⑬筝:一种乐器,哀筝,指筝奏出的悲哀的音乐。六朝人认为悲哀的音乐是很美的。 ⑭匿:藏。指太阳下山。 ⑮参从:泛指随从。参,参乘,亦作骖乘,陪同乘车的人。 ⑯笳:一种乐器,从西域传入。 ⑰元瑜:阮瑀字元瑜,建安七子之一,卒于建安十七年。曹丕这封信写于建安二十年。 ⑱蕤宾纪时:指五月。蕤宾,一种律管,仲夏之气感应这种律管发出振动,就知是五月。 ⑲景风:五月的风。扇物:促使万物生长。 ⑳驾而游:坐着车驾出游。 ㉑遵:沿着。 ㉒启路:在前面引路。 ㉓文学:官名,一般以擅长文词和有学问的人担任。托乘:跟随着乘车。托,依附。 ㉔节同时异:季节相同而时间不同。指曹丕现在出游与以前和吴质同游,季节都在五月,但时间已经过去了。 ㉕劳:忧愁思念之苦。 ㉖邺:地名,即今河南临漳县西,当时是魏王曹操的都城。 ㉗枉道:绕道。 ㉘行矣自爱:祝福语,犹如今之"请多保重"之类。

【品评】

曹丕写这封信的心理过程应该是这样的:他正在五月的风

景中出游，忽而念及数年前与一批朋友，也是在这样的天气里出游，但那却要热闹得多，朋友们尽情游赏，要欢畅得多！今昔对比，想到当时的朋友死的死，散的散，禁不住又是悲凉、又是伤悼、又是孤独，所有这些又一起化作对吴质的思念，于是提笔写了这封信。

正因为如此，所以本文虽然写了眼前和从前的两段游历，但重点却在前一段，作者对此作了具体生动而充满了温馨的回忆，从中透出对老朋友的无限思念。而第二段就写得较为简略，只是作为衬托和引子。把引子放在后半部分来写，这也是本文一个独特之处，好处是突出了与吴质同游的回忆，也就突出了对他的怀念。

在情感的抒发上，本文的特点是从容闲逸，温而不火，绝非那种激烈、凄厉、喷发的样子。基于情感的这种抒发形式，所以作者使用了一种不徐不疾的语调和非骈非散的句子，读来可以想见作者的神态。

曹　植(192—232)

字子建,曹操子,曹丕同母弟,沛国谯(今安徽省亳州)人。封陈王,谥曰思,故世称陈思王。植年轻时即富有才华,颇得曹操宠爱,一度欲立为太子。及曹丕(文帝)、曹叡(明帝)相继称帝,曹植备受猜忌压迫,最终郁郁而死。《三国志·魏志·陈思王植传》谓明帝太和二年(228)"植常自愤怨抱利器而无所施,上疏求自试"。所上即下篇《求自试表》。

与杨德祖书

植白,数日不见,思子为劳,①想同之也。②仆少小好为文章,③迄至于今,二十有五年矣。然今世作者,可略而言也。④昔仲宣独步于汉南,⑤孔璋鹰扬于河朔,⑥伟长擅名于青土,⑦公幹振藻于海隅,⑧德琏发迹于北魏,⑨足下高视于上京。⑩当此之时,人人自谓握灵蛇之珠,家家自谓抱荆山之玉。⑪吾王于是设天网以该之,⑫顿八纮以掩之,⑬今悉集兹国矣。⑭然此数子,犹复不能飞轩绝迹,⑮一举千里。以孔璋之才,不闲于辞赋,⑯而多自谓能与司马长卿同风,⑰譬画虎不成,反为狗者也。前为书嘲之,反作论盛道仆赞其文。夫钟期不失听,⑱于今称之。吾亦不能妄叹者,⑲畏后世之嗤余也。

世人之著述,不能无病。仆常好人讥弹其文,有不善者，应时改定。[20]昔丁敬礼尝作小文，使仆润饰之，仆自以才不过若人，[21]辞不为也。[22]敬礼谓仆："卿何所疑难，[23]文之佳丽，吾自得之，[24]后世谁相知定吾文者邪？[25]"吾常叹此达言，[26]以为美谈。昔尼父之文辞，[27]与人通流，[28]至于制《春秋》，游、夏之徒乃不能措一辞。[29]过此而言不病者，吾未之见也。

盖有南威之容，乃可以论于淑媛；有龙渊之利，乃可以议于断割。[30]刘季绪才不能逮于作者，[31]而好诋诃文章，掎摭利病。[32]昔田巴毁五帝、罪三王，呰五霸于稷下，一旦而服千人，[33]鲁连一说，[34]而使终身杜口。刘生之辩，未若田氏，今之仲连，求之不难，可无息乎。[35]人各有好尚，兰茝荪蕙之芳，[36]众人所好，而海畔有逐臭之夫；[37]《咸池》《六茎》之发，众之所共乐，而墨翟有非之之论。[38]岂可同哉。

今往仆少小所著辞赋一通相与。[39]夫街谈巷说，必有可采，击辕之歌，[40]有应风雅，匹夫之思，未易轻弃也。辞赋小道，固未足以揄扬大义，[41]彰示来世也。昔杨子云，先朝执戟之臣耳，犹称壮夫不为也。[42]吾虽薄德，位为蕃侯，[43]犹庶几戮力上国，[44]流惠下民，建永世之业，留金石之功，岂徒以翰墨为勋绩，辞赋为君子哉。[45]若吾志未果，吾道不行，则将采史官之实录，辩时俗之得失，定仁义之衷，成一家之言。虽未能藏之名山，将以传之同好，[46]此要之皓首，[47]岂今日之论乎。其言之不惭，恃惠子之知我也。[48]明早相迎，书不尽怀。植白。

【注释】

①子：对对方的敬称。劳：苦。　②同之：（与我对你的思

念)相同。 ③仆:作者自称之谦词。好:喜欢。 ④略:总,概要。 ⑤仲宣:王粲字仲宣,建安七子之一。汉南:指荆州一带。王粲曾到荆州依刘表,故说他的文学成就独步汉南。 ⑥孔璋:陈琳字孔璋,建安七子之一。鹰扬:如鹰之飞扬,喻意气高扬。河朔:冀州在地理上属河朔,陈琳曾在冀州为袁绍记室(秘书),故说他鹰扬于河朔。 ⑦伟长:徐幹字伟长,建安七子之一,北海(今山东省寿光一带)人。北海古称青州,故说他擅名青土。 ⑧公幹:刘桢字公幹,建安七子之一,东平(今山东省平阴县)人,东平近海,故说他振藻于海隅。振藻:遣词运藻,指写作。 ⑨德琏:应玚字德琏,建安七子之一,南顿(今河南项城)人。北魏:一作"此魏"。按:应玚伯父应劭,父珣,早年曾依袁绍,在邺城一带居住。 ⑩足下:对杨德祖的敬称。德祖是朝廷太尉杨彪之子,故曰上京。 ⑪"人人"两句:比喻他们都认为自己有杰出的文学才能。灵蛇之珠,又叫隋侯之珠。传说古时隋侯见一大蛇受伤,乃以药敷之,后此蛇从江中衔大珠以为报答。荆山之玉,传说楚人卞和在荆山下得一玉璞,献之于王。王不识,以为石也,遂刖卞和左右两足。后王即位,终于看出是美玉。 ⑫吾王:指魏王曹操。该:网罗。 ⑬八纮:网之纲绳叫纮,也指网。 ⑭兹国:指魏国。兹,这个。 ⑮轩:通骞,腾飞。 ⑯闲:同娴,娴熟。 ⑰司马长卿:司马相如字长卿,汉代著名辞赋家。同风:同一风概。 ⑱钟期:即钟子期,传说他善于欣赏音乐。 ⑲叹:叹美,赞美。 ⑳应时:当时,立即。 ㉑若:这个。 ㉒辞:推辞,辞谢。 ㉓卿:对对方的爱称。 ㉔吾自得之:意即我自己享有(文章佳丽的)名声。 ㉕"后世"句:意即后世有谁知道替我改文章的人呢?这句话的意思是请人商榷修改文章,受益的只能是自己。 ㉖达言:通达的议论。 ㉗尼父:即孔子。 ㉘与人通流:与人商讨,彼此修改。 ㉙"至于"二句:据史书记载,孔子著成《春秋》,他的学生文学方面有专长的子游、子夏都不能改动一字。

这段话意谓只有孔子的《春秋》别人无法改动(已十分完美),其余人的文章都会有缺陷,需要指正。 ㉚"盖有"二句:南威,即南之威,春秋时著名美女。淑,贤惠。媛,美人。龙渊,宝剑名,相传能断牛马,击鹄雁。这两句是说,惟具有南威那样的美貌和龙渊那样的锋利,才可去指摘人的美丑和剑的利钝。 ㉛刘季绪:刘修字季绪,刘表之子,官至东安太守。作者:写作上有才能、有成就的人,与现代汉语"作者"的意思不全同。 ㉜掎摭(jǐ zhí):指摘。利病:利害得失。 ㉝田巴:战国时辩士。呰(zǐ):诋毁。罪三王、呰五霸概是田巴提出辩论的命题。服千人:使众人折服。稷下:齐国都城临淄(今山东淄博市)稷门附近之地,是战国时各学派荟萃的中心。 ㉞鲁连:即鲁仲连,据说他驳斥田巴,使得其终身不敢再辩。 ㉟刘生:指刘季绪。息:止。 ㊱兰茝荪(sūn)蕙:都是香草的名字。 ㊲逐臭之夫:《吕氏春秋·遇合篇》说,古时有人身上有恶臭,父母兄弟都不愿跟他在一起,他只得独居海岛,但岛上有一人却酷爱他的臭味,跟随着他不愿离去。 ㊳《咸池》《六茎》:传说中上古的音乐,非常美妙。墨翟:战国时思想家,《墨子》一书记载了他的思想和活动,其中有《非乐》篇,否定音乐存在的必要。 ㊴往:送。 ㊵击辕之歌:敲打车辕伴唱的歌,喻低俗的音乐。㊶揄扬:阐发宣扬。 ㊷杨子云:又作扬子云,汉代文学家扬雄字子云,他曾说过辞赋是雕虫小技,壮夫不为。执戟之臣:即执戟郎,看守宫门的低级官员。 ㊸位为蕃侯:建安十九年,曹植徙封临菑侯。 ㊹戮力:并力,协力。 ㊺"岂徒"二句:意谓不愿以文人而立名于世。 ㊻同好:有相同爱好的人。 ㊼皓首:白头,喻晚年。这句意谓期待晚年来做这件事。 ㊽惭:即惭。惠子之知我:惠子是庄子的朋友,非常理解庄子,是其知己。

【品评】

本文如果与下篇《求自试表》相对照,其写作特点就可以看得更清楚。下篇是给最高权威皇帝的上疏,故必须精心结撰,郑重其事;本文则是密友间的笔谈,故可以随意吐露,娓娓道来。基于写作态度的这一根本不同,所以首先在语言上,本文就较为口语化,少见刻意的增饰和藻绘。其次在行文结构上,就不是那么严密而整饬,而是如平地涌泉,行其欲行而止其欲止。当然中心是有的,即论文:论人之文、论己之文,及论"论文之道"。但是在方式上,却是有评论(如论孔璋等人)、有叙述(如记丁敬礼之言)、有坦诚的感叹抒怀。基于上述两点,故在语调上,就亲切自然,坦率真诚,如最后一段言己不欲以文人自囿,倾吐怀抱,不稍掩饰,故越觉其英气逼人。

此外,鲁迅曾把曹丕"文章经国之大业,不朽之盛事"的观点,与曹植本文"辞赋小道"的观点进行比较,指出曹植何曾轻视辞赋,只因他自己文章做得好,故可如此大言。鲁迅知人论世以求其文意之深切著明,此亦一例,值得提出。

求自试表

臣闻士之生世,[①]入则事父,出则事君;[②]事父尚于荣亲,[③]事君贵于兴国。故慈父不能爱无益之子,仁君不能畜无用之臣。[④]夫论德而授官者,成功之君也;量能而受爵者,毕命之臣也。[⑤]故君无虚授,臣无虚受;虚授谓之谬举,虚受谓之尸禄,[⑥]《诗》之"素餐"所由作也。[⑦]昔二虢不辞两国之任,[⑧]其德厚也;旦、奭不让燕、鲁之封,其功大也。[⑨]今臣蒙国重恩,三世于今矣。[⑩]正值陛下升平之际,沐浴圣泽,潜润德教,[⑪]可谓厚幸矣。而窃位东藩，[12]爵在上列，身被轻暖，[13]口厌百味，[14]目极华靡，耳倦丝竹者，[15]爵重禄厚之所致也。退念古之授爵禄者，有异于此，皆以功勤济国，辅主惠民。今臣无德可述，无功可纪，若此终年无益国朝，将挂风人“彼其”之讥。[16]是以上惭玄冕，俯愧朱绂。[17]

方今天下一统，九州晏如，[18]而顾西有违命之蜀，东有不臣之吴，使边境未得脱甲，谋士未得高枕者，诚欲混同宇内以致太和也。[19]故启灭有扈而夏功昭，[20]成克商、奄而周德著。[21]今陛下以圣明统世，将欲卒文、武之功，[22]继成、康之隆，[23]简贤授能，以方叔、召虎之臣镇御四境，[24]为国爪牙者，可谓当矣。然而高鸟未挂于轻缴，渊鱼未县于钩饵者，[25]恐钓射之术或未尽也。昔耿弇不俟光武，亟击张步，言不以贼遗于君父。[26]故车右伏剑于鸣毂，雍门刎首于齐境。[27]若此二士，岂恶生而尚死哉？[28]诚忿其慢主而陵君也。夫君之宠臣，欲以除患兴利；臣之事君，必以杀身靖乱，[29]以功报主也。昔贾谊弱冠，求试属国，请系单于之颈而制其命；[30]终军以妙年使越，欲得长缨缨其王，羁致北阙。[31]此二臣，岂好为夸主而耀世哉？志或郁结，欲逞其才力，输能于明君也。[32]昔汉武为霍去病治第，[33]辞曰：“匈奴未灭，臣无以家为！”[34]（固）夫忧国忘家，捐躯济难，[35]忠臣之志也。今臣居外，非不厚也，而寝不安席，食不遑味者，[36]伏以二方未克为念。[37]

伏见先武皇帝武臣宿将，年耆即世者有闻矣。[38]虽贤不乏世，[39]宿将旧卒，犹习战陈，[40]窃不自量，志在效命，庶立毛发之功，以报所受之恩。若使陛下出不世之诏，[41]效臣锥刀之用，[42]使得西属大将军，当一校之队，[43]若东属大司马，统偏舟之任，[44]必乘危蹈险，骋舟奋骊，[45]突刃触锋，为士卒先。虽未能禽权馘亮，[46]庶将虏其雄率，歼其丑类，[47]必效须臾之捷，以灭终身之愧，使名挂史笔，事列朝策。虽身分蜀境，首县吴阙，犹生之年也。如微才弗试，没世无闻，徒荣其躯而丰其体，生无益于事，死无损于数，[48]虚荷上位而忝重禄，[49]禽息鸟视，[50]终于白首，此徒圈牢之养物，[51]非臣之所志也。流闻东军失备，师徒小衄，[52]辍食弃餐，奋袂攘衽，[53]抚剑东顾，而心已驰于吴会矣。[54]

臣昔从先武皇帝南极赤岸，[55]东临沧海，[56]西望玉门，[57]北出玄塞，[58]伏见所以行军用兵之势，可谓神妙矣。故兵者不可豫言，[59]临难而制变者也。[60]志欲自效于明时，立功于圣世。每览史籍，观古忠臣义士，出一朝之命，以徇国家之难，[61]身虽屠裂，而功铭著于鼎钟，名称垂于竹帛，[62]未尝不拊心而叹息也。[63]臣闻明主使臣，不废有罪。故奔北败军之将用，秦、鲁以成其功；[64]绝缨盗马之臣赦，楚、赵以济其难。[65]臣窃感先帝早崩，[66]威王弃世，[67]臣独何人，以堪长久！常恐先朝露，[68]填沟壑，坟土未干，而身名并灭。臣闻骐骥长鸣，则伯乐照其能；[69]卢狗悲号，则韩国知其才。[70]是以效之齐、楚之路，以逞千里之任；试之狡兔之捷，以验搏噬之用。[71]今臣志狗马之微功，窃自惟度，终无伯乐、韩国之举，是以於邑而窃自痛者也。[72]

夫临博而企竦，[73]闻乐而窃抃者，[74]或有赏音而识道也。昔毛遂，赵之陪隶，犹假锥囊之喻，以寤主立功，[75]何况巍巍大魏多士之朝，[76]而无慷慨死难之臣乎！夫自炫自媒者，[77]士女之丑行也；干时求进者，道家之明忌也。而臣敢陈闻于陛下者，诚与国分形同气，[78]忧患共之者也。冀以尘雾之微补益山海，[79]荧烛末光增辉日月，[80]是以敢冒其丑而献其忠。

【注释】

①生世：活在世界上。 ②入：在家里。出：在社会上。③尚：崇尚。 ④畜：养，给官做。 ⑤毕命：完成使命。⑥尸禄：但受俸禄而不做事。 ⑦《诗》之“素餐”：《诗经·伐檀》：“彼君子兮，不素餐兮！”素，空。素餐，光吃饭不做事。⑧二虢(guó)：指周文王的两个弟弟虢仲、虢叔，他们因有功而分别封于东虢、西虢。 ⑨旦、奭(shì)：周文王的两个儿子周公旦、召公奭，因有功而分别封于燕、鲁。 ⑩三世：指魏武帝曹操、文帝曹丕、明帝曹叡三代皇帝。 ⑪潜润：浸润。 ⑫窃位东藩：指被封为东方藩国之王。窃，自谦之词。 ⑬轻暖：又轻又暖的衣服。 ⑭厌：饱足。 ⑮丝竹：丝指弦乐器，竹指管乐器，泛指音乐。 ⑯风人：即诗人。《诗经》有十五国风，后世因称诗人为风人。彼其：《诗经·曹风·候人》曰：“彼其之子，不称其服”，意即那人的德行，与他的尊贵衣服不相称。 ⑰玄冕：玄，黑色；冕，王者礼冠。朱绂：朱，红色；绂，系印的带子。⑱晏如：安然。 ⑲太和：太平和顺的时世。 ⑳启：夏禹之子后启。有扈：夏时诸侯，不服从夏。昭：昭著。启灭有扈，使天下诸侯皆朝夏，夏的功德由从昭著。 ㉑成：周武王之子成王。商：指商纣王的儿子武庚及商朝遗民。奄：古国名，在今山东省曲阜一带。成王时，管叔、蔡叔挟武庚及商遗民起事，奄国响应，成王命周公讨平之。 ㉒卒：完成。 ㉓文、武：周文王、周武王，在历史上以文德武功著称。成、康：周成王、周康王，都能继承文武的事业。 ㉔方叔、召虎：皆周宣王时贤臣，能使诸侯国臣服周王朝。 ㉕“然而”二句：喻蜀和吴尚未平定。缴(zhuó)，系在箭尾的生丝缕，箭射出后仍能将之收回，此处代称

箭。 ㉖“耿弇”(yǎn)三句:耿弇是光武帝刘秀的将领。耿弇与强敌张步作战,刘秀带兵来救,当时有人建议耿弇等刘秀援军到后再出击。耿弇说,君王来到,臣下应以牛酒迎接,怎么反而让君上亲自来歼敌呢?遂出兵大破张步。俟,等。亟,急。 ㉗“车右”二句:车右,坐在车子右面的保卫人员。毂(gǔ),车轮中心的圆木,用来插轴。传说先秦时,齐王出猎,车左毂忽发鸣声惊动了齐王,这虽是造车工人的过失,但车右却自觉有罪而自杀。后越国侵齐,未交战,齐雍门子狄说,越国入侵,这惊动吾君的程度岂在左毂之下?也自刎而死。越人得知齐有这样的义士,遂不敢战而退。 ㉘恶:厌恶。陵:凌辱。 ㉙靖:平定。 ㉚“贾谊”三句:贾谊,汉文帝时人。弱冠,古人二十岁成人行冠礼时,体犹未壮,故称弱冠。属国,汉代掌管外国的官。贾谊年轻时曾上疏文帝要求担任属国,一定能制服北方的部族匈奴(单于是匈奴君主的称号)。 ㉛“终军”三句:终军,汉武帝时人。妙年,少年。阙,宫阙。终军十八岁上书武帝,自请“愿受长缨,必羁南越王而致之阙下”。后被派去说服南越王归附汉朝。 ㉜输能:贡献才能。 ㉝治第:修建宅第。 ㉞无以家为:不以家事为念。 ㉟济:救助。 ㊱遑:闲暇。 ㊲伏:敬词。犹言自己伏在地上。 ㊳年耆即世:年老去世。耆(qí),七十岁以上称耆。 ㊴贤不乏世:有贤能的人不绝于世。 ㊵陈:同阵。 ㊶不世:犹言非常。 ㊷锥刀:即锥刀之末,喻微小。 ㊸大将军:魏太和二年(228),遣大将军曹真西击诸葛亮于街亭。一校:军中五百人为一校。作者自谦只能做一校之官,跟随大将军出征。 ㊹大司马:魏太和二年遣大司马曹休东击吴。若:或者。 ㊺骊:黑色的骏马。 ㊻禽:擒。馘(guó):斩获敌人,割下耳朵。权、亮:孙权、诸葛亮。 ㊼丑类:士兵。丑,众。 ㊽数:国家的运数。 ㊾荷:承受。忝:辱。自谦之词,意即食此厚禄感到羞愧。 ㊿禽息鸟视:意谓像禽鸟那样生活,没有远大志向。 51圈牢之养物:即牲畜。

㊷流闻:传闻。衄:挫折,败北。大司马曹休东击吴,与吴将陆逊战于石亭,大败。 ㊸奋袂(mèi):举袖。攘衽:扯开衣襟。描写作者的激动奋起之状。 ㊹吴会:吴郡与会稽郡,在今江苏、浙江两省,时属吴国。 ㊺极:尽。赤岸:赤壁。 ㊻沧海:东海。 ㊼玉门:玉门关,在今甘肃省敦煌西北。 ㊽玄塞:指长城。 ㊾豫:预先。 ㊿临难而制变:遇到危急的情况而随机应变。 (61)徇:同殉。 (62)竹帛:指代史书。古代没有纸,把字刻在竹上或写在帛上。 (63)拊:拍,捶。 (64)"奔北"二句:春秋时,秦穆公将孟明视、西乞术、白乙丙三人曾被晋所败,被俘。后穆公仍用他们为将,终于打败晋人,报仇雪耻。鲁将曹沫曾三次被齐国战败,以致向齐割地求和。后齐桓公与鲁庄公在柯地会盟,曹沫持匕首劫桓公,桓公乃许尽还鲁之割地。这两个都是继续启用暂时失败的臣下最终得以取胜的例子。 (65)"绝缨"二句:春秋时,楚庄王和群臣夜宴。灯灭,有人趁机引楚王美人衣调戏,美人挽绝其缨,以告楚王。王乃命群臣皆绝缨,然后举火。后楚与晋战,引美人衣者奋力作战,救庄王脱险。秦穆公乘马走失,为野人所食,穆公不罪野人,复赐以酒。后秦与晋战,穆公被围,野人曾食马者三百余人,尽力为穆公战,遂大败晋人。这两个都是君主不计人小过,后来得到他们舍命报恩的例子。"赵"当是"秦"之误。 (66)先帝:指魏文帝曹丕。(67)威王:指任城王曹彰。曹丕和曹彰都是曹植的兄弟。两人都早逝。 (68)先朝露:先于早晨的露水;喻不久人世。 (69)照:即昭。 (70)卢狗:即韩卢,古代韩国的黑色壮犬,曾逐狡兔,绕山三匝,跃过五座山峰。韩国:齐人,他相狗于市,有狗号鸣,就知它是良犬。 (71)"是以"二句:齐、楚之路,指远路。两句意谓用远路和狡兔来考验、检验马、犬的能力。 (72)於(wū)邑:同郁抑。 (73)博:棋类游戏。企竦:踮着脚站立看。 (74)抃:打拍子。临博企竦,闻乐窃抃,都是赏音识道的表现。 (75)"毛遂"数句:用的是"毛遂自荐"的典故。 (76)巍巍:盛貌。 (77)自炫

自媒：士子自我炫耀才能叫自炫，女子自我作媒叫自媒。⑱分形同气：分形，从同一身体分出来；同气，同一气血。指与魏明帝是骨肉之亲。 ⑲冀：希望。 ⑳荧：小火。

【品评】

愤懑激越的情绪，通过含蓄的语调、委婉曲折的手法表现出来，形成一种有放有收，若含若露、亦刚亦柔的风格，这是本文的主要特点。曹植少有大志，才华横溢，不幸以疏放而失宠于父亲曹操，复见忌于哥哥曹丕、侄子曹叡，横被猜忌排抑，一腔建功立业的雄心大志不得实现，故其郁抑、悲怆、愤切的心情溢于言表。但他既是处于臣下的地位，又是向皇帝提出要求，故又始终保持着一种诚挚和恳切的口吻。但这种口吻又并非一意哀求乞怜，而是持论甚高，堂堂正正，以尽忠报国为其最高诉求，无可非议辩驳。这是本文行文分寸上的特点。在语言上，本文骈散并用，对句排比以增其慷慨正大的气势，散句单行以流露委婉挚切的态度，此其一；又多用典故和史实，使文意更为含蓄，内涵更加丰富，此其二。

陈　琳(？—217)

字孔璋,广陵(今江苏扬州)人。东汉末文学家。初为何进主簿。何进欲召董卓兵诛宦官,陈琳谏,不从。乃避难冀州,依袁绍,袁绍使典文章。官渡之战,袁绍败,乃归曹操。曹操谓曰:"卿昔为本初(袁绍字)移书,但可罪状孤而已,恶恶止其身,何乃上及父祖邪?"然未加罪,以为司空军谋祭酒,管记室。明人辑有《陈记室集》,又今人俞绍初辑《陈琳集》,在《建安七子集》中。

为袁绍檄豫州[①]

左将军领豫州刺史、[②]郡国相守。盖闻明主图危以制变,忠臣虑难以立权。是以有非常之人,然后有非常之事,有非常之事,然后立非常之功。夫非常者,故非常人所拟也。曩者,强秦弱主,赵高执柄,专制朝政,威福由己,时人迫胁,莫敢正言,终有望夷之败。[③]祖宗焚灭,污辱至今,永为世鉴。及臻吕后季年,产禄专政,内兼二军,外统梁、赵,[④]擅断万机,决事省禁,下陵上替,海内寒心。于是绛侯、朱虚,[⑤]兴兵奋怒,诛夷逆暴,尊立太宗。[⑥]故能王道兴隆,光明显融。此则大臣立权之明表也。司空曹操,祖父中常侍腾,与左悺、徐璜并作妖孽,饕餮放横,[⑦]伤化虐民。父嵩,乞匄携养,因赃假位,舆金辇璧,输货权门,窃盗鼎司,[⑧]倾覆重器。操赘阉遗丑,本无懿德，僄狡锋侠，[9]好乱乐祸。幕府董统鹰扬，扫除凶逆，续遇董卓侵官暴国，于是提剑挥鼓，发命东夏，收罗英雄，弃瑕取用。故遂与操同谘合谋，授以裨师，谓其鹰犬之才，爪牙可任。至乃愚佻短略，轻易进退，伤夷折衄，数丧师徒。幕府辄复兵命锐，修完补辑，表行东郡，领兖州刺史，被以虎文，奖蹙威柄，[10]冀获秦师一克之报。[11]而操遂承资跋扈，肆行凶忒，[12]割剥元元，[13]残贤害善。故九江太守边让，英才俊伟，天下知名，直言正色，论不阿谄，身首被枭悬之诛，妻孥受灰灭之咎。自是士林愤痛，民怨弥重，一夫奋臂，举州同声。故躬破于徐方，地夺于吕布，彷徨东裔，[14]蹈据无所。幕府惟强干弱枝之义，且不登叛人之党，故复援旌擐甲，底卷起征，金鼓响振，布众奔沮。拯其死亡之患，复其方伯之位，则幕府无德于兖土之民，而大有造于操也。后会銮驾反旆，[15]群虏寇攻。时冀州有北鄙之警，匪遑离局，故使从事中郎徐勋就发遣操，使缮修郊庙，翊卫幼主。操便放志专行，胁迁（当御）省禁，[16]卑侮王室，败法乱纪，坐领三台，[17]专制朝政，爵赏由心，刑戮在口。所爱光五宗，所恶灭三族，群谈者受显诛，腹议者蒙显戮。百寮钳口，道路以目。尚书纪朝会，公卿充员品而已。故太尉杨彪，典历二司，[18]享国极位。操因缘眦睚，被以非罪，榜楚参并，五毒备至，触情任忒，不顾宪纲。又议郎赵彦，忠谏直言，义有可纳，是以圣朝含听，改容加饰。操欲迷夺明时，杜绝言路，擅收立杀，不俟报闻。又梁孝王先帝母昆，[19]坟陵尊显，桑梓松柏，犹宜恭肃。而操帅将吏士，亲临发掘，破棺裸尸，掠取金玉，至令圣朝流涕，士民伤怀。操又特置发丘中郎将、摸金校尉，所过隳突，无骸不露。[20]

身处三公之位，而行桀虏之态，污国虐民，毒施人鬼。加其细政苛惨，科防互设，罾缴充蹊，[21]坑阱塞路，举手挂网罗，动足触机陷，是以兖豫有无聊之民，帝都有吁嗟之怨。历观载籍，无道之臣贪残酷烈，于操为甚。幕府方诘外奸，未及整训，加绪含容，冀可弥缝。而操豺狼野心，潜包祸谋，乃欲摧挠栋梁，孤弱汉室，除灭忠正，专为枭雄。往者伐鼓，北征公孙瓒，强寇桀逆，拒围一年。操因其未破，阴交书命，外助王师，内相掩袭，故引兵造河，方舟北济。会其行人发露，瓒亦枭夷，故使锋芒挫缩，厥图不果。尔乃大军过荡西山，屠各、左校皆束手奉质，[22]争为前登，犬羊残丑，消沦山谷。于是操师震慑，晨夜逋遁，屯据敖仓，阻河为固，欲以螳螂之斧，御隆车之隧。[23]幕府奉汉威灵，折冲宇宙，长戟百万，胡骑千群，奋中黄、育、获之士，[24]骋良弓劲弩之势。并州越太行，青州涉济漯，大军泛黄河而角其前，荆州下宛、叶而掎其后，雷霆虎步，并集虏庭，若举炎火以焫飞蓬，[25]覆沧海以沃熛炭，有何不灭者哉！又操军吏士，其可战者，皆自出幽冀，或故营部曲，咸怨旷思归，流涕北顾。其余兖豫之民，及吕布、张扬之遗众，覆亡迫胁，权时苟从，各被创夷，人为仇敌。若回旆方徂，登高岗而击鼓吹，扬素挥以启降路，[26]必土崩瓦解，不俟血刃。方今汉室陵迟，纲维弛绝，圣朝无一介之辅，股肱无折冲之势，方畿之内，简练之臣，皆垂头拓翼，莫所凭恃，虽有忠义之佐，胁于暴虐之臣，焉能展其节。又操持部曲精兵七百，围守宫阙，外托宿卫，内实拘执，惧其篡逆之萌，因斯而作。此乃忠臣肝脑涂地之秋，烈士立功之会，可不勖哉！操又矫命称制，遣使发兵，恐边远州郡，过听而给与，强寇弱主，违众旅叛，举以丧名，为天下笑，则明哲不取也。即日幽、并、青、冀四州并进，书到，荆州便勒见兵，与建忠将军协同声势，㉗州郡各整戎马，罗落境界，㉘举师扬威，并匡社稷，则非常之功于是乎著。其得操首者，封五千户侯，赏钱五千万。部曲偏裨将校诸吏降者，勿有所问。广宣恩信，班扬符赏，㉙布告天下，咸使知圣朝有拘逼难，如律令。㉚

【注释】

①此文亦见《三国志·袁绍传》注，文字较略，稍有出入。②左将军领豫州刺史：指刘备。 ③望夷之败：指赵高杀秦二世于望夷宫事。 ④二军：指南军与北军，皆汉京师警卫之军。梁赵：指吕产为梁王，吕禄为赵王。 ⑤绛侯：指西汉太尉周勃。朱虚：指西汉朱虚侯刘章。汉高帝死，吕后专权，任吕产、吕禄，及吕后死，周勃、刘章等遂诛诸吕，拥立文帝。 ⑥太宗：汉文帝庙号。 ⑦饕餮(tāo tiè)：贪酷。 ⑧鼎司：三公之位，以曹嵩官至太尉也。 ⑨僄狡：言其轻捷狡黠。锋侠：言其如刀锋之利。 ⑩虎文：言羊质而虎皮也。奖蹙：奖成。 ⑪冀获秦师一克之报：指春秋时秦穆公使孟明率师伐郑，为晋击败于郩。后孟明得释，归，秦穆公用之，复伐晋，取王官及郊，事详《左传》文公三年。 ⑫忒：恶也。 ⑬元元：百姓。 ⑭东裔：东隅之地。 ⑮銮驾：皇帝之车驾。銮驾返旆：指兴平二年(194)，汉献帝自长安东返，次年，曹操迎帝都许昌，改号建安事。 ⑯(当御)省禁：据胡绍煐说，“当御”二字不当有。⑰三台：应劭《汉官仪》云，尚书为中台，御史为宪台，谒者为外台。 ⑱二司：指杨彪曾为司空及司徒也。 ⑲梁孝王：指西汉文帝子、景帝弟刘武。 ⑳隳突：破坏。 ㉑罾缴：射鸟之器，此处喻法网。 ㉒屠各：匈奴部族名。左校：指左校令官署统下匈奴人。 ㉓隧：道路也。 ㉔中黄、育、获：指中黄伯、夏

育、孟获，皆古勇士。　㉕焫（ruò）：同爇，燃也。　㉖登高岗而击鼓吹：鼓吹，汉代军乐。此处喻其声闻之远。素挥：白旗。周武王举白旗以诛纣。　㉗建忠将军：指张绣，时屯军于宛，与刘表合兵。　㉘罗落：陈列。　㉙班扬：宣布。　㉚如律令：言檄文所言，当如律令之不易，皆当遵行也。

【品评】

这是袁绍和曹操交战前，陈琳为袁绍所作讨曹操的檄文。《三国志注》作《为袁绍檄州郡文》。文中历数曹操罪状，极言袁绍兵威。据《三国志注》引《典略》载，曹操曾患头风，是日疾发，卧读琳文，翕然而起，曰："此愈我病。"因为文中对曹操及其父祖的罪状作了很尖锐的揭露。这篇文章中所提到的曹操种种罪状，因出于敌对势力之手，容有夸大之处，但作为一个封建军阀的曹操，在排斥异己的时候，是会使出各种卑劣手段的，因此不能否认本文所举事实，有不少是真实的，因此曹操后来对陈琳也未曾处罚。这篇文章行文已多排偶习气，辞藻华美，而笔力遒劲，笔锋常带感情。如写到曹操的暴政时，用了许多事例，其中虽有浮夸之辞，如"发丘中郎将""摸金校尉"等，但数曹操迫害异己之种种手段，亦足使人愤怒，形容当时人民的苦难，用"举手挂罗网，动足触机陷"，亦极形象。至于言袁绍兵力之盛，乃至称"若举炎火以焫飞蓬，覆沧海以沃熛炭"，亦极夸张之能事。本来袁绍、曹操，都是割据的军阀，从历史作用而言，曹操还有他的贡献。这篇文章尊袁贬曹，却是当时檄文常见的现象。历来读者欣赏此文，主要从文辞着眼，并非同意这些论点。

王　粲(177—217)

字仲宣，山阳高平(今山东省邹城西南)人，“建安七子”之一。他年轻时即很有才名，蔡邕闻他来访，曾倒屣相迎。西京扰乱，他避难荆州，依刘表，后归曹操，为丞相掾，赐爵关内侯。《登楼赋》即他在荆州依刘表时登麦城城楼所作。王粲的作品多反映当时社会的动乱和自己亲历乱离所生的悲慨深痛，艺术上注重锻字炼句，风格清丽，在“建安七子”中成就最高。后人将他与曹植并提，合称“曹王”。

登楼赋

登兹楼以四望兮，聊暇日以销忧。① 览斯宇之所处兮，实显敞而寡仇。② 挟清漳之通浦兮，倚曲沮之长洲；③ 背坟衍之广陆兮，临皋隰之沃流。④ 北弥陶牧，⑤ 西接昭邱，⑥ 华实蔽野，黍稷盈畴。⑦ 虽信美而非吾土兮，曾何足以少留！⑧

遭纷浊而迁逝兮，⑨ 漫逾纪以迄今。⑩ 情眷眷而怀归兮，⑪ 孰忧思之可任？⑫ 凭轩槛以遥望兮，⑬ 向北风而开襟。⑭ 平原远而极目兮，蔽荆山之高岑。⑮ 路逶迤而修迥兮，⑯ 川既漾而济深。⑰ 悲旧乡之壅隔兮，⑱ 涕横坠而弗禁。昔尼父之在陈兮，有归欤之叹音。⑲ 钟仪幽而楚奏兮，⑳ 庄舄显而越吟。㉑ 人情同于怀土兮，岂穷达而异心！[22]

惟日月之逾迈兮，俟河清其未极。[23]冀王道之一平兮，假高衢而骋力。[24]惧匏瓜之徒悬兮，畏井渫之莫食[25]。步栖迟以徙倚兮，[26]白日忽其将匿。[27]风萧瑟而并兴兮，[28]天惨惨而无色。兽狂顾以求群兮，鸟相鸣而举翼。原野阒其无人兮，[29]征夫行而未息。心凄怆以感发兮，意忉怛而憯恻。[30]循阶除而下降兮，[31]气交愤于胸臆。[32]夜参半而不寐兮，怅盘桓以反侧。[33]

【注释】

①兹楼：这座楼，指麦城城楼。暇日：假借此日。暇，同假。②斯宇：这座楼。显敞而寡仇：宽敞明亮，很少能够匹敌。仇，对，匹配。　③这两句是说，当阳城楼面临清清的漳水支流和曲折的沮水，好像挟带着清清的河水，又好像倚长洲而立。漳，即漳水。浦，这里指漳水的支流。沮，沮水。漳水之支流与沮水都流经当阳县。　④坟衍：地势高起为坟，广平为衍。皋：水边之地。隰：低湿之地。　⑤弥：伸展到极至。陶：乡名，相传春秋时陶朱公范蠡葬于此。牧：郊外。　⑥昭邱：楚昭王之墓地。　⑦华实：指花和果实。盈畴：指充满田野。　⑧这两句是说，风景确实美丽但不是我的故乡，所以并不值得稍稍逗留。信美，确实美好。吾土，我的故乡。曾，语助词。　⑨纷浊：纷扰污秽，喻乱世。迁逝：迁徙。这句是说遭董卓之乱而避于荆州。　⑩逾纪：超过了十二年。漫：漫长的样子。　⑪眷眷：思念深切的样子。　⑫孰：谁。任：当；忍受。这句意谓谁受得了这样的思念？　⑬凭：倚靠。轩槛：栏杆。　⑭开襟：解开衣服的前襟。　⑮这两句是说，在平原上放眼远望，但被荆山挡住了视线。蔽，挡住。岑，小而高的山叫岑。　⑯逶（wēi）迤（yí）：长而曲折的样子。修迥（jiǒng）：长而远。　⑰漾：长。济：渡。

⑱壅隔：阻隔。 ⑲“昔尼父”二句：据《论语·公冶长》记载，孔子在陈绝粮，叹息说：回去吧回去吧。尼父，即孔子。 ⑳据《左传·成公九年》记载，楚国乐官钟仪被晋俘虏，晋侯要他操琴，弹的仍是楚国家乡的乐曲。幽：囚禁。 ㉑据《史记·张仪列传附陈轸传》记载，越人庄舄（xì）在楚国做了大官，病中思念故乡，仍讲越人的方言。显：显贵。 ㉒“人情”二句：意谓人们怀念故土的心情是相同的，不会因得志不得志而有差别。㉓这两句的意思是说岁月流逝，但太平的日子还远不会到来。逾迈，过往，流逝。河，黄河，古人把黄河水比喻时世太平。极，至。 ㉔这两句意谓期望天下太平，王道大行，自己也得以施展才力。冀，期望。高衢，大道。 ㉕匏（páo）瓜：葫芦的一种。惧匏瓜之徒悬，害怕像匏瓜那样挂在那里不为世用。渫（xiè）：除去污秽，使清洁。畏井渫之莫食：畏惧淘干净了井，但没人来饮水。这两句是比喻自己的才德不为世用。 ㉖栖迟：游息。徙倚：行止不定的样子。 ㉗白日：太阳。匿：藏匿，喻下山。㉘并兴：一齐起来。 ㉙阒（qù）：寂静。 ㉚忉（dāo）怛（dá）：悲痛。憯（cǎn）恻：凄伤。 ㉛阶除：台阶。 ㉜交愤：郁愤交加。 ㉝盘桓：原意为徘徊不前的样子，这里指思前想后。反侧：翻来覆去，即睡不着。

【品评】

《登楼赋》抒写了作者登楼骋目之际的所见所感。城楼四周美好的景物勾起了作者极其复杂的感情，即所谓的“气交愤于胸臆”。细绎起来，首先是身在异乡怀念故园的痛苦，这使作者发出了“虽信美而非吾土兮，会何足以少留”的感叹；其次是岁月流逝人生易老而才能不得施展的痛苦，这使作者面对美景反而有一种“风萧萧而并兴兮，天惨惨而无色”的悲慨。导致作者背井离乡和怀才莫伸的原因，则是这个动乱纷扰的不幸时代，所以全赋又处处透出了忧时伤世的情绪。这几种情感交织在一起，使全赋的情调深沉而愤郁，历来不知感动了多少读者。

在文学史上，从两汉“铺采摛文，体物写志”的大赋到汉末魏晋抒情小赋的确立，王粲此赋是其间的代表作品。故从此赋我们可以看到抒情小赋的特点，是作者的视点已从对外在事物的刻画铺陈，转到了对自己内心情感的审视抒发，外在景物从作者客观描摹的客体转化为作者抒情的烘托、陪衬和映照。抒情小赋的发展及其特点，对于魏晋时代五言诗歌的发展，是很有影响的。

嵇　康(223—262)

字叔夜，谯国铚(今安徽省宿州)人，“竹林七贤”之一。在魏为中散大夫，故世称嵇中散。他是曹魏宗室的女婿，故备受司马氏的猜忌。因拒绝与司马氏的合作，且愤世嫉俗，“非汤武而薄周孔”，终为司马氏不容而被杀。他的文学成就以散文为著，与阮籍齐名。有《嵇中散集》。

与山巨源绝交书[1]

康白：足下昔称吾于颍川，[2]吾常谓之知言，[3]然经怪此意尚未熟悉于足下，[4]何从便得之也。前年从河东还，[5]显宗、阿都说足下议以吾自代，[6]事虽不行，知足下故不知之。足下傍通，[7]多可而少怪，[8]吾直性狭中，[9]多所不堪，偶与足下相知耳。间闻足下迁，[10]惕然不喜，恐足下羞庖人之独割，引尸祝以自助，[11]手荐鸾刀，[12]漫之膻腥，[13]故具为足下陈其可否。[14]

吾昔读书，得并介之人，[15]或谓无之，今至信其真有耳。性有所不堪，真不可强；[16]今空语同知有达人无所不堪，[17]外不殊俗，而内不失正，与一世同其波流，而悔吝不生耳。[18]老子、庄周，吾之师也，亲居贱职；[19]柳下惠、东方朔，达人也，安乎卑位：[20]吾岂敢短之哉！又仲尼兼爱，不羞执鞭；[21]子文无欲卿相，而三登令尹：[22]是乃君子思济物之意也。[23]所谓达则兼善而不渝，穷则自得而无闷。[24]

以此观之，故尧、舜之君世，[25]许由之岩栖，[26]子房之佐汉，接舆之行歌，[27]其揆一也。[28]仰瞻数君，可谓能遂其志者也。故君子百行，殊途而同致，循性而动，各附所安，故有处朝廷而不出，入山林而不返之论。[29]且延陵高子臧之风，[30]长卿慕相如之节，[31]志气所托，不可夺也。吾每读尚子平、台孝威传，[32]慨然慕之，想其为人。加少孤露，[33]母兄见骄，[34]不涉经学。[35]性复疏懒，筋驽肉缓，头面常一月十五日不洗，不大闷痒，不能沐也。每常小便，而忍不起，令胞中略转乃起耳。[36]又纵逸来久，[37]情意傲散，简与礼相背，懒与慢相成，[38]而为侪类见宽，[39]不攻其过。又读庄、老，重增其放，[40]故使荣进之心日颓，[41]任实之情转笃。[42]此犹禽鹿少见驯育，则服从教制，长而见羁，则狂顾顿缨，[43]赴蹈汤火，虽饰以金镳，[44]飨以嘉肴，愈思长林而志在丰草也。[45]

阮嗣宗口不论人过，[46]吾每师之而未能及；至性过人，与物无伤，唯饮酒过差耳。[47]至为礼法之士所绳，[48]疾之如雠，幸赖大将军保持之耳。[49]吾不如嗣宗之资，[50]而有慢弛之阙，[51]又不识人情，暗于机宜，[52]无万石之慎，[53]而有好尽之累。[54]久与事接，疵衅日兴，[55]虽欲无患，其可得乎！又人伦有礼，朝廷有法，自惟至熟，[56]有必不堪者七，甚不可者二。卧喜晚起，而当关呼之不置，[57]一不堪也。抱琴行吟，弋钓草野，[58]而吏卒守之，不得妄动，二不堪也。危坐一时，痹不得摇，[59]性复多虱，把搔无已，而当裹以章服，[60]揖拜上官，三不堪也。素不便书，又不喜作书，而人闲多事，堆案盈机，[61]不相酬答，则犯教伤义，欲自勉强，则不能久，四不堪也。不喜吊丧，而人道以此为重，已为未见恕者作怨，[62]至欲见中伤者。虽瞿然自责，然性不可化,[63]欲降心顺俗,则诡故不情,[64]亦终不能获无咎无誉如此,[65]五不堪也。不喜俗人,而当与之共事,或宾客盈坐,鸣声聒耳,嚣尘臭处,[66]千变百伎,[67]在人目前,六不堪也。心不耐烦,而官事鞅掌,[68]机务缠其心,[69]故放烦其虑,七不堪也。又每非汤武而薄周孔,[70]在人间不止,此事会显,[71]世教所不容,[72]此甚不可一也。刚肠疾恶,轻肆直言,遇事便发,此甚不可二也。以促中小心之性,统此九患,不有外难,当有内病,[73]宁可久处人间邪?[74]又闻道士遗言,[75]饵术黄精,[76]令人久寿,意甚信之;游山泽,观鱼鸟,心甚乐之。一行作吏,此事便废,安能舍其所乐而从其所惧哉!

夫人之相知,贵识其天性,[77]因而济之。[78]禹不逼伯成子高,[79]全其节也;仲尼不假盖于子夏,[80]护其短也;近诸葛孔明不逼元直以入蜀,[81]华子鱼不强幼安以卿相:[82]此可谓能相终始,真相知者也。足下见直木不可以为轮,曲木不可以为桷,[83]盖不欲枉其天才,[84]令得其所也。故四民有业,[85]各以得志为乐,[86]唯达者为能通之,此足下度内耳。[87]不可自见好章甫,强越人以文冕也[88];已嗜臭腐,养鸳鸰以死鼠也。[89]吾顷学养生之术,方外荣华,[90]去滋味,[91]游心于寂寞,[92]以无为为贵。[93]纵无九患,尚不顾足下所好者。又有心闷疾,[94]顷转增笃,[95]私意自试,[96]不能堪其所不乐。自卜已审,[97]若道尽穷则已耳,足下无事冤之,[98]令转于沟壑也。吾新失母兄之欢,[99]意常凄切。女年十三,男年八岁,未及成人,况复多病。顾此悢悢,[100]如何可言!今但愿守陋巷,教养子孙,时与亲旧叙离阔,[101]陈说平生,浊酒一杯,弹琴一曲,志愿毕矣。足下若嬲之不置,[102]不过欲为官得人,以益时用耳。[103]足下旧知吾潦倒粗疏，不切事情，[104] 自惟亦皆不如今日之贤能也。若以俗人皆喜荣华，独能离之，[105] 以此为快，此最近之，可得言耳。然使长才广度，[106] 无所不淹，[107] 而能不营，[108] 乃可贵耳。若吾多病困，欲离事自全，以保余年，此真所乏耳，岂可见黄门而称贞哉！[109] 若趣欲共登王涂，[110] 期于相致，[111] 时为欢益，[112] 一旦迫之，必发狂疾，自非重怨，不至于此也。[113] 野人有快炙背而美芹子者，[114] 欲献之至尊，虽有区区之意，[115] 亦已疏矣。愿足下勿似之。[116] 其意如此，既以解足下，并以为别。[117] 嵇康白。

【注释】

①山巨源：山涛，字巨源，与嵇康同为“竹林七贤”中人物。由选曹郎迁官大将军从事中郎时欲荐嵇康自代，康作此书拒绝。 ②称：称说嵇康不愿出仕。颍川：指山涛叔父、颍川太守山嵚。 ③知言：相知之言。 ④经怪：常常奇怪。此意：指不愿出仕的意愿。 ⑤河东：黄河流经山西境内时，在河以东的地区称河东。 ⑥显宗：公孙崇字显宗，曾为尚书郎。阿都：吕安小字阿都，是嵇康至交。 ⑦傍通：本指学问不固守一家，这里是善于应变的意思。 ⑧多可而少怪：多所认可、认同而少责怪，指宽容有度的意思。 ⑨直性狭中：性情直率，心地狭窄。 ⑩间：近来。迁：迁官，调动职务。 ⑪惕然：恐惧的样子。庖人：厨子。尸祝：祭祀时读祝辞的人。这两句是说，恐怕山涛会荐推自己去当官，就像厨子硬拉尸祝去代庖那样。 ⑫荐：举。鸾刀：祭祀时割肉用的带铃的刀。 ⑬漫：蔓延，污染。这句是说，要把膻腥污沾嵇康。 ⑭陈其可否：陈述是可以还是不可以。 ⑮并介：并，指兼济天下。介，耿介孤直。并介之人，指耿介孤直而又能兼济天下的人。 ⑯强：勉强。 ⑰空语：没有事实根据乱说。达人：通达的人。无所不堪：没有

不能忍受的。 ⑱悔吝:悔恨和怨隙。 ⑲老子:姓李名耳,为周朝的柱下史、守藏史。庄子:名周,为宋国蒙县漆园吏。二人地位都很低。 ⑳柳下惠:始展名禽,春秋鲁国人。东方朔:汉武帝时人。两人地位很低,但都能不怨不恨,安之若素。㉑兼爱:博爱无私。不羞执鞭:不羞于担任执鞭的贱职。㉒子文:春秋时楚人,他不想做卿相,三次做了令尹,没有喜色,三次下台,也没有愠色。 ㉓济物:即济世。 ㉔渝:改变。穷:不得志。 ㉕君世:为君于世。 ㉖岩栖:栖息山岩,犹言隐居。 ㉗行歌:边走边唱歌。《论语·微子》载,隐士接舆唱着讥刺孔子的歌从他身边走过。 ㉘揆:道。指以上这些人都以顺乎本性的原则处世。 ㉙这两句话的意思见《韩诗外传》:“朝廷之士为禄,故入而不出;山林之士为名,故往而不返。”㉚延陵:吴季札曾居于延陵(今江苏省武进),故称季札为延陵。子臧:曹国公子欣时。曹宣公卒,曹人欲立欣时为君,被他拒绝。当季札父兄要立他为嗣君时,他以子臧自比,拒不接受。高:以为高。 ㉛长卿:指司马长卿,他羡慕战国时蔺相如的功业,故改名相如。 ㉜尚子平:东汉隐士,一作“向子平”。台孝威:东汉人,在武安山隐居,以采药为业。 ㉝少:幼小的。孤露:父母早亡,没有阴庇。 ㉞母兄:同母兄,指嵇喜。见骄:娇惯,放纵。 ㉟涉:涉猎,学习。 ㊱胞:指膀胱。这句是说,常常到膀胱发胀得几乎转动才去小便。 ㊲纵逸:放逸。㊳背:违背。慢:怠慢。相成:相一致。 ㊴侪类:同类。见宽:被宽容。 ㊵放:放逸。 ㊶荣进之心:追求荣华进取之心。颓:减退;消失。 ㊷任实:放任本性。转笃:加强。 ㊸狂顾顿缨:急遽地回头张望。顿,扯开。缨,绳索。 ㊹镳(biāo):马衔。 ㊺长林:茂密的森林。丰草:丰美的水草。 ㊻阮嗣宗:阮籍字嗣宗,与嵇康同时,在文学上齐名。 ㊼过差:过度。㊽礼法:指儒家制订的那套行为规范。绳:动词,纠人过失。㊾这句指有人曾在司马昭面前说阮籍任性放荡,坏礼伤教,宜投之四裔，以絜王道。司马昭说，阮素来病弱，应当宽恕。大将军：指司马昭。 ⑸资：材质。 ⑸慢弛：傲慢放逸。 ⑸机宜：随机应付的办法。 ⑸万石：汉朝石奋历事高祖、文帝、景帝，以谨慎著称。奋及四子皆官至二千石，合为万石，故景帝号奋为万石君。 ⑸好尽：尽情而言，不知忌讳。 ⑸疵：缺点。衅(xìn)：仇隙。 ⑸惟：思考。熟：精详。 ⑸当关：守门人。不置：不放。 ⑸弋：用带着绳子的箭射鸟。 ⑸痹：麻痹，麻木。 ⑹性：身体。章服：正式的官服。 ⑹案、机：指办公的桌子。 ⑹未见恕者：不肯原谅的人。作怨：怨恨。 ⑹化：被教化，改变。 ⑹诡故不情：违反本性，不合常情。诡，违反。降心：指压抑自己傲散的性情。 ⑹无咎无誉：没有过失也没有称誉。 ⑹嚣尘：嘈杂多尘。臭处：处于臭哄哄的环境中。⑹伎：伎俩，机巧。 ⑹鞅掌：事务繁忙。 ⑹机务：政务。⑺汤武：商汤和周武王。周孔：周公和孔子。 ⑺此事：指非汤武薄周孔一事。会显：会传开。 ⑺世教：指当世礼教。⑺“不有”二句：意谓外界不加制裁，自己也必定受不了而生病。⑺这句是说还能活得长久吗。 ⑺道士：有道术的高士。⑺术：白术。白术和黄精都是药名。 ⑺天性：本性。 ⑺济：成全。 ⑺传说伯成子高在舜时立为诸侯，禹为天子，子高就回到田里耕地去了。禹问其故，子高说，自你做天子后，立刑法，行赏罚，民反而不仁。乱世就要到来了，不要来牵累我！⑻据传，子夏性吝啬，所以孔子宁挨雨淋也不问他借雨具，这是为了不让他的短处暴露。 ⑻元直：徐庶字元直，与诸葛亮同事刘备，后其母为曹操所获，他就辞了刘备而归曹操。 ⑻华子鱼：华歆字子鱼，管宁字幼安，两人为同窗好友。华歆为太尉，曾举管宁自代，管宁没有接受。 ⑻桷(jué)：椽子。⑻枉：屈。天才：天生的材质。 ⑻四民：指士、农、工、商。⑻得志：顺遂自己的心意。 ⑻度内：度量之内，意即能想到。⑻章甫：帽子。二句意谓自己觉得帽子好，也一定要越人也戴上。古时越人断发文身,不戴帽。文冕:漂亮的帽子。 ⑧⑨二句意谓自己喜欢臭腐的东西,就把死鼠来喂鹓鸰。鹓鸰不食不洁之物。 ⑨⓪外荣华:置荣华于度外。 ⑨①滋味:美味。⑨②寂寞:为道家宣扬的最高境界。 ⑨③无为:道家的处世态度。⑨④心闷疾:心闷的疾病。 ⑨⑤增笃:加重。 ⑨⑥自试:自己设想。 ⑨⑦审:清楚,明确。 ⑨⑧无事:不要。冤:委曲。 ⑨⑨母兄:同母兄。 ⑩⓪悢(liàng)悢:悲恨。 ⑩①叙离阔:叙离别之情。 ⑩②嬲(niǎo):纠缠。 ⑩③时用:世俗之用。 ⑩④不切:不了解,不懂得。 ⑩⑤离:舍弃。 ⑩⑥长才广度:指有高才大度的人。 ⑩⑦淹:通。 ⑩⑧不营:不求。指不求仕宦。 ⑩⑨黄门:即宦官。这句是说见到黄门不淫乱,不能就说他们贞洁(其实是失去了生理能力)。 ⑪⓪趣:急。王涂:即王途,指任职朝廷。⑪①期:希望。致:招致。 ⑪②欢益:欢悦。 ⑪③这句是说,如果你对我没有重怨,是不会那样做的。重怨,深重的怨隙。⑪④野人:老百姓。快炙背:赤膊晒太阳感到很温暖很快活。传说有一田夫,冬天没衣穿,春天在太阳下感到很舒服,就想把这事奉献给国王,希望能得到赏赐。旁一富翁告诉他,有个觉得芹菜很可口,就把它献给乡中的富豪,富豪因惯食甘美,觉得十分难吃。以炙背为快而要献给国王,正跟这个献芹的人相同。⑪⑤区区:微小而诚恳。 ⑪⑥这句是说不要像那献芹的人那样。⑪⑦解:解释、晓喻。这是说山涛并不了解自己,故要作解释。并以为别,意即与山涛绝交。

【品评】

"嘻笑怒骂,皆成文章",是要有条件的。嘻笑怒骂本身并不是文章,只有具备了艺术性,这才成为文章;如果嘻笑怒骂达到了很高的艺术水平,则将成为世人传诵、世世传诵的好文章。嵇康本文,就是其中之一。

嵇康此文最突出的特点,就是他那尖锐泼辣的讽刺。如

“间闻足下迁，惕然不喜，恐足下羞庖人之独割，引尸祝以自助，手荐鸾刀，漫之膻腥”；如“自卜已审，若道尽途穷则已耳，足下无事冤之，令转于沟壑也”；如“野人有快炙背而美芹子者，欲献之至尊，虽有区区之意，亦已疏矣，愿足下勿似之”。当日山涛读此，真不知如何反应也。

本文的又一特点，是在嘻笑怒骂中凸显了一个刚肠嫉恶、愤世抗俗的叛逆形象。他的“必不堪者七，甚不可者二”把官场的丑恶虚伪揭露无遗，同时也把一个坚持保护自己天性坚决不愿同流合污的心灵衬托得十分鲜明。正由于这一点招致了司马昭的深深厌恶，成了嵇康以后被杀的一个重要原因。

诸葛亮(181—234)

字孔明，琅邪阳都(今山东省沂水县南)人。亮早年有大志，避难荆州，躬耕陇亩，自比管仲、乐毅。后刘备三顾亮于隆中，乃出佐备，建立蜀汉，拜为丞相。备卒，受遗诏辅佐后主刘禅，前后六次出师北伐曹魏，卒于军中。蜀汉建兴五年(227)，诸葛亮率师北驻汉中，将出师北伐，临发，上表刘禅，即本篇。

出师表[1]

先帝创业未半，[2]而中道崩殂。[3]今天下三分，[4]益州疲弊，[5]此诚危急存亡之秋也。[6]然侍卫之臣不懈于内，忠志之士忘身于外者，盖追先帝之殊遇，[7]欲报之于陛下也。诚宜开张圣听，[8]以光先帝遗德，[9]恢弘志士之气；[10]不宜妄自菲薄，[11]引喻失义，以塞忠谏之路也。

宫中府中，[12]俱为一体，陟罚臧否，[13]不宜异同。[14]若有作奸犯科及为忠善者，宜付有司论其刑赏，[15]以昭陛下平明之理，[16]不宜偏私，使内外异法也。[17]侍中、侍郎郭攸之、费祎、董允等，[18]此皆良实，[19]志虑忠纯，[20]是以先帝简拔以遗陛下。[21]愚以为宫中之事，事无大小，悉以咨之，[22]然后施行，必能裨补阙漏，[23]有所广益。将军向宠，[24]性行淑均，[25]晓畅军事，试用于昔日，先帝称之曰能，是以众议举宠为督。愚以为营中之事，悉以咨之，必能使行阵和睦，[26]优劣得所。[27]亲贤臣，远小人，此先汉所以兴隆也；亲小人，远贤臣，此后汉所以倾颓也。先帝在时，每与臣论此事，未尝不叹息痛恨于桓、灵也。[28]侍中、尚书、长史、参军，[29]此悉贞良死节之臣，[30]愿陛下亲之信之，则汉室之隆，可计日而待也。

臣本布衣，[31]躬耕于南阳，苟全性命于乱世，不求闻达于诸侯。先帝不以臣卑鄙，[32]猥自枉屈，[33]三顾臣于草庐之中，谘臣以当世之事，由是感激，[34]遂许先帝以驱驰。[35]后值倾覆，[36]受任于败军之际，奉命于危难之间，尔来二十有一年矣！先帝知臣谨慎，故临崩寄臣以大事也。[37]受命以来，夙夜忧叹，[38]恐托付不效，[39]以伤先帝之明。[40]故五月渡泸，深入不毛。[41]今南方已定，兵甲已足，当奖率三军，北定中原，庶竭驽钝，[42]攘除奸凶，兴复汉室，还于旧都。[43]此臣所以报先帝而忠陛下之职分也。至于斟酌损益，[44]进尽忠言，则攸之、祎、允之任也。

愿陛下托臣以讨贼兴复之效；不效，则治臣之罪，以告先帝之灵。若无兴德之言，则责攸之、祎、允等之慢，[45]以彰其咎。[46]陛下亦宜自谋，以谘诹善道，[47]察纳雅言，[48]深追先帝遗诏。臣不胜受恩感激。今当远离，临表涕零，不知所言！

【注释】

①表：臣子对君主有所陈请的一种文体。 ②先帝：指刘备。 ③崩殂：皇帝死称崩，又称殂。刘备死于章武三年(223)。 ④三分：谓分为魏、蜀、吴三国。 ⑤益州：在今四川省及陕西、云南两省部分地区，即当时蜀国的范围。 ⑥秋：这里是“时”的意思。 ⑦追：追念，追思。殊遇：特殊的恩遇。

遇，对待。 ⑧圣听：圣明的听闻。开张圣听，即广泛地听取意见。 ⑨光：光大。 ⑩恢弘：发扬光大。 ⑪妄自菲薄：毫无根据地看轻自己。菲薄，轻视。 ⑫宫中府中：宫中，指皇帝宫禁中的侍臣；府中，指丞相府中的属吏，也指国家的一般官吏。时诸葛亮为丞相，负责政府行政工作，统率百官。 ⑬陟：升。臧：善。否(pǐ)：恶。臧否，指评论人物的优劣。 ⑭异同：指异。是偏义复词。 ⑮有司：负有专职的官吏，此处指监察官。⑯平明之理：公平圣明的纪律、原则。 ⑰内外：宫中曰内，府中曰外。 ⑱侍中、侍郎：官名，都是服侍皇帝的近臣。时郭攸之为侍中，费祎(yī)和董允为黄门侍郎。 ⑲良实：忠良诚笃的人。 ⑳志虑忠纯：志向忠正，目的纯正。 ㉑简拔：选择提拔。 ㉒咨：同谘，询问，商量。 ㉓裨补阙漏：弥补缺失和遗留。裨，益。 ㉔向宠：人名，时任中部督，掌握保卫皇宫的部队。 ㉕性行淑均：品行优良，性情稳实。 ㉖行阵：部队。㉗优劣得所：才能大和才能小的人都能得到恰当的使用。㉘"未尝"句：意谓没有不为桓帝、灵帝两朝的事(指桓、灵二帝亲小人、远贤臣)感叹、痛心、遗憾的。恨，遗憾。一般认为，由于东汉桓、灵二帝昏庸无能，用人不当，宠信宦官，政治腐败，造成了汉末的大乱。 ㉙指时任侍中的郭攸之、尚书陈震、长史张裔、参军蒋琬。 ㉚死节：以死报国。 ㉛布衣：平民。㉜卑鄙：地位卑微，识见鄙陋。与现代汉语"卑鄙"一词含义不同。 ㉝猥：放在句子前面的衬词，没有实际的含义。枉：白白地。屈：屈尊就卑。这是诸葛亮的谦语。 ㉞感激：感动奋发。㉟这句意谓答应供先帝像牛马一样使用自己。这也是谦词。㊱"后值"以下四句：指汉献帝建安十三年(208)，刘备为曹操所败，遣诸葛亮出使东吴，与孙权约定，共御曹操于赤壁。诸葛亮和刘备相遇在此前一年，到当时正二十一年。 ㊲"先帝"二句：指刘备临终时，把辅佐儿子刘禅的大事托付给诸葛亮。㊳夙夜：从早到晚。夙，早。 ㊴效：成效。 ㊵伤：损害。

㊶"五月"二句：指建兴三年(225)诸葛亮率军南征，讨平南中诸郡的事变。泸，指金沙江。不毛，不毛之地，指今云南省武定县、四川省会理县一带。 ㊷驽：下等的劣马。钝：钝刀。这句意谓勉强竭尽自己平庸的才能。 ㊸刘备自称是汉皇室的后裔，以蜀汉为汉朝正统所承，故这里说要"兴复汉室"。旧都：指两汉都城长安、洛阳。所以把攻取这两地叫"还于旧都"。㊹斟酌：度量事情的可否去取。损：减少。益：增加。 ㊺慢：怠慢，渎职。 ㊻以彰其咎：显示他们的过失。 ㊼谘诹(zōu)：询问，谋商。 ㊽察纳雅言：考察、接纳有益的建议等。

【注释】

这是一位前朝元老、佐命重臣给平庸、暗弱的当朝小皇帝所上的有所指陈的表章。刘备临终时曾对诸葛亮说过，假如嗣子刘禅还值得辅佐，就请您费心，如实在无才，您就取代了他吧。又对刘禅说，你与诸葛丞相，要事之如父。正是由于这种微妙的背景，所以诸葛亮的这一奏表，既不能直截了当，言某当某、某当某，那样就有点颐指气使、乃至在故意暗示小皇帝甚无才识的样子了；也不能含义隐晦、话中有话，那样小皇帝就看不懂了。必须把希望、要求小皇帝做到的事说清楚，但又要避免给人一个耳提面命的印象，始终保持臣下的身份和口吻。这真是极难做到的事！然而《出师表》不但做到了，而且做得非常好，表现了极大的艺术性，所以后来陆游才赞叹说："出师一表真名世，千载谁堪伯仲间！"

揣摩诸葛亮的写法，一是始终强调"先帝"，从"亲贤臣、远小人"的总体原则，到任用某人某人的具体安排，都是先帝的遗愿；二是反复表露自己对朝廷的忠诚，披肝沥胆，可誓天日。正是这两条从头至尾贯穿了全文，又加上恳切周详的语言，才形成了本文"高朗切至"的特色。

李　密(224—287)

一作“李宓”，字令伯，一名虔，犍为武阳(今四川彭山)人。初仕蜀汉，任尚书郎、大将军主簿、太子洗马等职，又曾出使东吴。蜀亡，在家侍奉祖母刘氏。晋武帝泰始时，征为太子洗马，因祖母病，上表辞，得准。后祖母亡，入仕，为尚书郎、温令等官，后为汉中太守，因仕途不得志，作诗有“官中无人，不如归田”语，得罪，不久免官，返乡，卒。

陈情表

臣以险衅，夙遭闵凶，生孩六月，慈父见背，行年四岁，舅夺母志。[①]祖母刘愍臣孤弱，躬亲抚养。臣少多疾病，九岁不行，零丁孤苦，至于成立。既无伯叔，终鲜兄弟，门衰祚薄，晚有儿息。外无期功强近之亲，[②]内无应门五尺之童，茕茕孑立，形影相吊。而刘早婴疾病，常在床蓐，臣侍汤药，未尝废离。自奉圣朝，沐浴清化。前太守臣逵察臣孝廉，后刺史臣荣举臣秀才。臣以供养无主，辞不赴命。明诏特下，拜臣郎中，寻蒙国恩，除臣洗马。猥以微贱，当侍东宫，非臣陨首所能上报。臣具以表闻，辞不就职。诏书切峻，责臣逋慢，郡县逼迫，催臣上道，州司临门，急于星火。臣欲奉诏奔驰，则刘病日笃，苟徇私情，则告诉不许。臣之进退，实为狼狈。伏惟圣朝以孝治天下，凡在故老，犹蒙矜恤，况臣孤苦尪羸之极。[3]且臣少仕伪朝，[4]历职郎署，本图官达，不矜名节。今臣亡国贱俘，至微至陋，猥蒙拔擢，宠命殊私，岂敢盘桓有所希冀。但以刘日薄西山，气息奄奄，人命危浅，朝不虑夕。臣无祖母，无以至今日；祖母无臣，无以终余年。母孙二人更相为命，是以私情区区不敢弃远。臣密今年四十有四，祖母刘今年九十有六，是臣尽节于陛下之日长，而报养刘之日短也。乌鸟私情，愿乞终养。臣之辛苦，非但蜀之人士及二州牧伯之所明知，皇天后土实所鉴见。伏愿陛下矜愍愚诚，听臣微志，庶刘侥幸，保卒余年。臣生当陨身，死当结草。

【注释】

①舅夺母志：指其母何氏改嫁。 ②期功强近之亲：期指期服，为时一年。功指功服，大功，九月，小功，五月。强，稍。指家族中血统稍近，有丧服的亲属。 ③尪（wāng）：短小病弱。④伪朝：指三国时蜀国，李密曾仕蜀为尚书郎、太子洗马等职。

【品评】

李密的《陈情表》一文，是历代传诵的名篇。从前的文章家不论是主张骈体的萧统还是后来主张散体的姚鼐，都选录了此文。其实这篇文章用的纯是白描手法，绝无雕琢的痕迹。当时李密处于一种进退两难的境地，只指望向晋武帝说明情况，使自己能伺奉祖母度过晚年，原不计较文章的工拙。但由于说的是作者的真实情况，真实感情，所以字字血泪，天然感人。文中“既无伯叔”以下一段，写李密宗族的衰微，显得十分悲凄。“臣无祖母”以下几句，尤出肺腑，更为哀感动人。

张　华(232—300)

字茂先,范阳方城(今河北安固南)人。西晋名臣,文学家。少孤贫,学业优博,曾作《鹪鹩赋》,为阮籍所称。魏末为太常博士,历中书郎等职。晋初,为黄门侍郎,又拜中书令,与羊祜等力主平吴,及吴灭,以功封广武县侯。惠帝即位,为大子少傅,后为中书监、司空等。时贾后专权,而张华尽忠匡辅,尚显承平。后为赵王司马伦所杀。明人辑有《张司空集》,又有《博物志》十卷,已佚,有辑本。

鹪鹩赋①

鹪鹩,小鸟也,生于蒿莱之间,长于藩篱之下,翔集寻常之内,而生生之理足矣。色浅体陋,不为人用,形微处卑,物莫之害,繁滋族类,乘居匹游,②翩翩然有以自乐也。彼鹫鹗鹍鸿,孔雀翡翠,或凌赤霄之际,或托绝垠之外,③翰举足以冲天,④觜距足以自卫,然皆负矰婴缴,⑤羽毛入贡。何者,有用于人也。夫言有浅而可以托深,类有微而可以喻大,故赋之云尔。

何造化之多端兮,播群形于万类,惟鹪鹩之微禽兮,亦摄生而受气。育翩翾之陋体,⑥无玄黄以自贵,毛弗施于器用,肉弗登于俎味,鹰鹯过犹俄翼,⑦尚何惧于罿罻。⑧翳荟蒙笼,⑨是焉游集,飞不飘飏,翔不翕习。⑩其居易容,其求易给,巢林不过一枝,每食不过数粒。栖无所滞，游无所盘，匪陋荆棘，匪荣茝兰。动翼而逸，投足而安，委命顺理，与物无患。伊兹禽之无知，何处身之似智，不怀宝以贾害，不饰表以招累。静守约而不矜，⑪动因循以简易，任自然以为资，无诱慕于世伪。雕鹖介其觜距，鹄鹭轶于云际，鹍鸡窜于幽险，孔雀生乎遐裔，彼晨凫与归雁，又矫翼而增逝。咸美羽而丰肌，故无罪而皆毙，徒衔芦以避缴，⑫终为戮于此世。苍鹰鸷而受绁，鹦鹉惠而入笼，⑬屈猛志以服养，块幽縶于九重，⑭变音声以顺旨，思摧翮而为庸。恋钟岱之林野，慕陇坻之高松，⑮虽蒙幸于今日，未若畴昔之从容。海鸟鶢鶋，避风而至，条枝巨雀，逾岭自致，提挈万里，飘飖逼畏。夫唯体大妨物，而形瑰足玮也。⑯阴阳陶蒸，万品一区，巨细舛错，种类繁殊，鹪螟巢于蚊睫，⑰大鹏弥乎天隅，将以上方不足，而下比有余。普天壤以遐观，吾又安知大小之所如。

【注释】

①鹪鹩(jiāo liáo)：鸟名，属鸣禽类，长约三寸，巢于林间或树穴。此处是以小鸟自喻，以抒其明哲保身的愿望。 ②乘居匹游：言群处。乘，四也。匹，二也。 ③赤霄：天空。绝垠：天边之地。 ④翰：高飞也。觜：同嘴。 ⑤矰(zēng)：短箭。缴(zhuó)：击箭而射。 ⑥翩：疾飞。翾：小飞。 ⑦俄：侧。俄翼，指侧翼而过。 ⑧罿(tóng)：捕鸟网。罻(wèi)：小网。⑨翳荟：草盛貌。蒙笼：草木茂盛貌。 ⑩翕习：言鸟飞之声盛也。 ⑪守约：保持贫俭。矜：自骄。 ⑫徒衔芦以避缴：语出《淮南子·脩务训》："雁衔芦而翔，以备矰缴。" ⑬绁(xiè)：束缚。惠：同慧。 ⑭块幽縶于九重：被幽縶于深禁之处，块然独

处。块，孤独也。 ⑮恋钟岱之林野：指鹰。钟岱，赵地。钟疑指北海外之钟山。岱，当作“代”，今山西北部。此处钟岱为鹰之产地。慕陇坻之高松：此句指鹦鹉。陇坻，今甘肃一带，为鹦鹉之产地。 ⑯玮：珍奇。 ⑰鹪螟巢于蚊睫：用《晏子春秋》八《不合经术者》载，晏子曰：“东海有虫，巢于蟁（蚊）睫，再乳再飞，而蟁不为惊”典故。

【品评】

这篇赋是张华早年所作，据说阮籍曾见到此赋，大为称赏，说作者是“王佐之才也”。其实这篇赋并没有写到作者建功立业的抱负，而只是说到了要学鹪鹩那样，求全身免祸之道。这是因为张华写这篇赋时，正当曹氏和司马氏争权激烈之际，名士少有全身者。《鹪鹩赋》的内容和阮籍的《咏怀诗》中一些思想是相通的。其实从张华后来的经历看来，他倒是在政治上颇有作为的，但并未全身免祸，而最后为赵王伦所杀害。可见在当时的形势下，即使在一定程度上有所认识，在行动上未必能做到。这篇赋纯属寓言，写鹪鹩的微小和生活状态，以此和鹫鹗等鸷鸟及孔雀、翡翠等珍禽进行对比。说明鹪鹩的微小和不合人用，反而得到自由而不受被杀、被絷之祸，充分表现了他对世途艰险的疑虑。这种思想在魏晋人中是比较普遍的。行文比较质朴，较少雕琢，这和潘岳、陆机的文风有较大的差别。在魏晋辞赋中，自成一体，对后来西晋末和东晋一些赋家之作有一定影响。

潘　岳(247—300)

字安仁,荥阳中牟(今河南开封西)人。早年辟司空太尉府,举秀才。出为河阳令,转怀令,调尚书度支郎,迁廷尉评,历太傅主簿。后为著作郎、给事黄门侍郎诸职。岳与石崇等谄事贾谧,及赵王伦诛贾氏,孙秀短岳于伦,遂被杀。潘岳善诗赋,与陆机齐名。明人辑有《潘黄门集》。

马汧督诔

惟元康七年秋九月十五日,晋故督守关中侯扶风马君卒。①呜呼哀哉。初雍部之内属羌反,未弭,而编户之氐又肆逆焉。虽王旅致讨,终于殄灭,而蜂虿有毒,骤失小利,俾百姓流亡,频于涂炭。建威丧元于好畤,②州伯宵遁乎大溪。③若夫偏师裨将之殒首覆军者,盖以十数;剖符专城纡青拖墨之司,④奔走失其守者,相望于境。秦陇之僭,巩更为魁,既已袭汧,而馆其县。⑤子以眇尔之身,介乎重围之里,率寡弱之众,据十雉之城。⑥群氐如猬毛而起,四面雨射城中,城中凿穴而处,负户而汲。木石将尽,樵苏乏竭,刍荛罄绝,于是乎发梁栋而用之,罥以铁锁机关,既纵礌而又升焉。⑦爨陈焦之麦,柿梠桷之松,⑧用能薪刍不匮,人畜取给,青烟傍起,历马长鸣。凶丑骇而疑惧,乃阙地而攻,子命穴浚堑,寘壶镭瓶瓨以侦之,⑨将穿响作,内焚秆火薰之,⑩潜氐歼焉。久之,安西之救至,[11]竟免虎口之厄,全数百万石之积,文契书于幕府。[12]圣朝畴咨,进以显秩,殊以幢盖之制。而州之有司,乃以私隶数口,谷十斛,考讯吏兵,以檟楚之辞连之。[13]大将军屡抗其疏,[14]曰:敦固守孤城,独当群寇,以少御众,载离寒暑,临危奋节,保谷全城;而雍州从事,忌敦勋效,极推小疵,非所以褒奖元功,宜解敦禁劾,假授。诏书遽许,而子固已下狱发愤而卒也。朝廷闻而伤之,策书曰:皇帝咨故督守关中侯马敦,忠勇果毅,率厉有方,固守孤城,危逼获济,宠秩未加,不幸丧亡,朕用悼焉。今追赠牙门将军印绶,祠以少牢,魂而有灵,嘉兹宠荣。然絜士之闻秽,其庸致思乎。[15]若乃下吏之肆其噤害,则皆妒之徒也。嗟乎,妒之欺善,抑亦贸首之雠也。[16]语曰:或戒其子,慎无为善,言固可以若是,悲夫!昔乘丘之战,县贲父御鲁庄公,[17]马惊败绩。贲父曰:他日未尝败绩,而今败绩,是无勇也,遂死之。圉人浴马,有流矢在白肉。公曰:非其罪也,乃诔之。汉明帝时,有司马叔持者,白日于都市手剑父雠,视死如归,亦命史臣班固为之诔。然则忠孝义烈之流,慷慨非命而死者,缀辞之士,未之或遗也。天子既已策而赠之,微臣托乎旧史之末,敢阙其文哉。乃作诔曰:

知人未易,人未易知。嗟兹马生,位末名卑。西戎猾夏,[18]乃奋其奇。保此汧城,救我边危。彼边奚危,城小粟富。子以眇身,而裁其守。兵无加卫,墉不增筑。婪婪群狄,豺虎竞逐。巩更恣睢,潜跱官寺。齐万虓阚,[19]震惊台司。声势沸腾,种落煽炽。旌旗电舒,戈矛林植。彤珠星流,[20]飞矢雨集。惴惴士女,号天以泣。爨麦而炊,负户以汲。累卵之危,倒悬之急。马生爰发,在险弥亮。精冠白日，猛烈秋霜。棱威可厉，懦夫克壮。沾恩抚循，寒士挟纩。[21]蠢蠢犬羊，阻众陵寡。潜隧密攻，九地之下。愜愜穷城，气若无假。[22]昔命悬天，今也惟马。惟此马生，才博智赡。侦以瓶壶，劓以长堑。[23]锸未见锋，火以起焰。薰尸满窟，棓穴以敛。木石匮竭，其杅空虚。瞷然马生，傲若有余。罚梁为櫑，柿松为刍。守不乏械，历有鸣驹。哀哀建威，身伏斧质。悠悠烈将，覆军丧器。戎释我徒，显诛我帅。以生易死，畴克不二。圣朝西顾，关右震惶。分我汧庾，化为寇粮。实赖夫子，思谟弥长。咸使有勇，致命知方。我虽末学，闻之前典。十世宥能，表墓旌善。思人爱树，甘棠不翦。矧乃吾子，功深疑浅。两造未具，储隶盖鲜。[24]孰是勋庸，而不获免。猾哉部司，其心反侧。斫善害能，丑正恶直。牧人逶迤，自公退食。闻秽鹰扬，曾不戢翼。[25]忘尔大劳，猜尔小利。苟莫开怀，于何不至。慨慨马生，琅琅高致。发愤囹圄，没而犹眡。[26]呜呼哀哉。安平出奇，破齐克完。[27]张孟运筹，危赵获安。[28]汧人赖子，犹彼谈单。如何吝嫉，摇之笔端。倾苍可赏，矧云私粟。狄隶可颁，况曰家仆。剔子双龟，贯以三木。[29]功成汧城，身死汧狱。凡尔同围，心焉摧剥。扶老携幼，街号巷哭。呜呼哀哉。明明天子，旌以殊恩。光光宠赠，乃牙其门。司勋颁爵，亦兆后昆。死而有灵，庶慰冤魂。呜呼哀哉！

【注释】

①元康：晋惠帝年号。“元康七年”是公元 297 年。督守：镇守城市的长官。关中侯：封爵名。扶风：地名。马君：即马敦，当时镇守汧(qiān)城(今陕西陇县南)。抗拒氐羌军事首领

进攻有功，为执法者所忌，下狱死。 ②建威丧元：建威，指建威将军周处。丧元，失其头颅。指周处征叛氐，战于好畤（今陕西乾县东），以无援，众寡不敌而败死。 ③州伯：指雍州刺史解系。 ④剖符专城，纡青拖墨之司：指郡县长官。汉时二千石（郡守）皆以选出京师，剖符典千里。又比六百石以上（县令），铜印墨绶。 ⑤巩更：人名，叛羌首领。馆：盘踞。 ⑥十雉：古者以城长三丈，高一丈为雉。十雉，言城之小。 ⑦罥（dì）：系也。礌（léi）：推石自高而下也。"罥以铁锁机关"二句：谓以铁锁系木为机关，既纵之以礌敌，而又收上焉。 ⑧柿（fèi）：削木成片。梠桷（lǔ jiǎo）：门楣曰梠，椽方曰桷。柿梠桷之松：言削屋椽之木以为柴薪也。 ⑨罍（léi）：瓶也。瓬（wǔ）：瓦器，盛五斗。"寘壶"句：指城守者使人伏罂中而听声，知敌军地道之处。 ⑩犷（kuàng）：犬麦之无皮毛者。 ⑪安西：指安西将军夏侯骏。 ⑫文契书于幕府：言以汧城存粮之数，计其出入，以报于将军之幕府。幕府，言将帅出征，其官署在幕中，故称幕府。 ⑬槚（jiǎ）楚：古代杖人之刑具。"乃以"以下四句，言州郡执法者因马敦以战俘数人为奴及动用官粮十斛，逮讯吏兵，辞连及马敦。 ⑭大将军：指征西大将军梁王司马肜。 ⑮絜士：清廉之士。"然絜士"二句，言廉洁之士闻其被诬赃秽，不能求苟活也。 ⑯贸首：求得对方之头，言仇怨之深。 ⑰县贲父故事：见《礼记·檀弓》。 ⑱猾夏：指侵犯华夏。 ⑲齐万：指氐族首领齐万年。虓阚（xiāo hǎn）：虎叫，喻其暴虐。 ⑳彤珠星流：形容冶铁灌敌，火星飞溅。 ㉑纩：丝绵，言温暖士心。 ㉒惬惬：小息貌，喻惊恐而屏息。气若无假：言气息不得暂续。 ㉓䝓（liè）：割也。 ㉔储隶盖鲜：言所涉及粮食及奴隶为数甚少。 ㉕"牧人戢翼"四句：言官长当导民以正，本当节俭正直，而闻有赃秽，曾不少留滞以观行迹。自公退食：见《诗经·召南·羔羊》，言在官者皆当正直。 ㉖眡：同视。 ㉗"安平"二句：指战国齐田单，破燕完齐，后封安平君，事见《史记·田单列传》。　㉘“张孟”二句:指战国赵张孟谈为赵结韩魏以破智伯,事见《战国策·赵策》。　㉙双龟:指关中侯及督守二印绶。因印纽铸龟形。三木:刑具。

【品评】

晋惠帝元康年间,氐族首领齐万年在关中起兵反晋,西晋朝廷派兵镇压,屡遭失败。在这次战争中充分暴露了西晋政权的腐朽。在这次战争中,周处的战死,是由于梁王司马肜的不发援军。马敦困守孤城,终于保全了汧城这重镇,却遭到一些妒贤嫉能者的诬害,死于狱中。这一事件既已被朝廷所知,但并没有对有关人员追究罪责。潘岳序文中,充满了愤激之情。他生动地描写了马敦在保卫汧城的战争中,以少胜众,备尝艰辛的种种事迹。文中突出地写到汧城是当时屯粮之处,一旦失守,数百万石的存粮就会落入氐人之手,使战局改观。马敦建立了大功,却因区区十斛粮食,死于狱中,这当然是极大的冤枉。这篇序文虽然对统治者中某些上层人物如惠帝司马衷、梁王司马肜等人在这些事件中的行为有所掩盖,但毕竟把马敦指挥若定的性格作了充分的叙述,使人为这位杰出的军事家惋惜。至于诔文,则全用四字一句的韵语,这是哀诔之文常用的体式。诔的内容和序文有不少共同之处,但更显得缠绵凄怆,更足以发挥怨愤之情。因此这篇诔文,一直被视为潘岳文章的代表作而为人所传诵。

陆　机(261—303)

字士衡，吴郡吴(今江苏苏州)人。祖逊，父抗，都是东吴名将。吴亡后陆机至洛阳，为张华所赏识，荐为祭酒。后为成都王司马颖后将军、河北大都督，率兵攻长沙王司马乂，战败，为颖所杀。他是晋代著名文学家，所作诗文讲求辞藻和排偶，开六朝文学风气。《豪士赋》为讽讥齐王冏矜功自伐，受爵不让而导致败亡所作。

豪士赋序

夫立德之基有常，① 而建功之路不一。何则？循心以为量者存乎我，② 因物以成务者系乎彼。③ 存夫我者，隆杀止乎其域；④ 系乎物者，丰约唯所遭遇。⑤ 落叶俟微风以陨，而风之力盖寡；⑥ 孟尝遭雍门以泣，而琴之感以末。⑦ 何者？欲陨之叶无所假烈风，⑧ 将坠之泣不足繁哀响也。⑨ 是故苟时启于天，⑩ 理尽于民，庸夫可以济圣贤之功，斗筲可以定烈士之业，⑪ 故曰“才不半古，⑫ 而功已倍之”，盖得之于时势也。历观古今，徼一时之功而居伊周之位者有矣。⑬

夫我之自我，智士犹婴其累；物之相物，昆虫皆有此情。⑭ 夫以自我之量而挟非常之勋，神器晖其顾眄，⑮ 万物随其俯仰，心玩居常之安，⑯ 耳饱从谀之说，⑰ 岂识乎功在身外，任出才表者哉！⑱ 且好荣恶辱，⑲ 有生之所大期;[20]忌盈害上,[21]鬼神犹且不免。[22]人主操其常柄,天下服其大节,故曰“天可雠乎”,而时有袨服荷戟,立乎庙门之下,援旗誓众,奋于阡陌之上。[23]况乎代主制命,[24]自下裁物者哉![25]广树恩不足以敌怨,勤兴利不足以补害,故曰代大匠斫者,[26]必伤其手。且夫政由宁氏,忠臣所为慷慨;祭则寡人,人主所不久堪。[27]是以《君奭》鞅鞅,不悦公旦之举;[28]高平师师,侧目博陆之势。[29]而成王不遣嫌吝于怀,[30]宣帝若负芒刺于背,[31]非其然者欤?

嗟乎!光于四表,德莫富焉;王曰叔父,亲莫昵焉;[32]登帝天位,功莫厚焉;守节没齿,忠莫至焉。[33]而倾侧颠沛,仅而自全。则伊生抱明允以婴戮,[34]文子怀忠敬而齿剑,[35]固其所也。因斯以言,夫以笃圣穆亲如彼之懿,大德至忠如此之盛,[36]尚不能取信于人主之怀,止谤于众多之口,[37]过此以往,恶睹其可!安危之理,断可识矣。又况乎饕大名以冒道家之忌,[38]运短才而易圣哲所难者哉![39]身危由于势过,[40]而不知去势以求安;祸积起于宠盛,[41]而不知辞宠以招福。[42]见百姓之谋己,则申宫警守,[43]以崇不畜之威;[44]惧万民之不服,则严刑峻制,以贾伤心之怨。[45]然后威穷乎震主,而怨行乎上下。众心日陊,[46]危机将发,而方偃仰瞪眄,[47]谓足以夸世,笑古人之未工,忘己事之已拙,知曩勋之可矜,[48]暗成败之有会。[49]是以事穷运尽,必于颠仆;[50]风起尘合,而祸至常酷也。圣人忌功名之过己,恶宠禄之逾量,[51]盖为此也。

夫恶欲之大端,[52]贤愚所共有,而游子徇高位于生前,[53]志士思垂名于身后,[54]受生之分,唯此而已。夫盖世之业,名莫大焉;震主之势,位莫盛焉;率意无违,[55]欲莫顺焉。借使伊人颇览天道,[56]知尽不可益,盈难久持,超然自引,[57]高揖而退,则巍巍之盛仰邈前贤,洋洋之风俯冠来籍,[58]而大欲不乏于身,至乐无愆乎旧,[59]节弥效而德弥广,身愈返而名愈劭,[60]此之不为,彼之必昧,[61]然后河海之迹堙为穷流,一篑之衅积成山岳,[62]名编凶顽之条,身厌荼毒之痛,[63]岂不谬哉!故聊赋焉,[64]庶使百世少有寤云。[65]

【注释】

①基:基本途径。 ②循心以为量:修身进德以作量上的积累。循,修。 ③因物以成务:凭借外物外力成就事功。④隆杀止乎其域:(德业)高下限于自身(的努力)。域,身。⑤丰约唯所遭遇:(事功)大小仅凭遇到(的机会)。 ⑥“落叶”二句:意谓将落的树叶遇到风而下落,风的作用其实很小。俟,等待。陨,落。 ⑦“孟尝”二句:意谓孟尝君碰到雍门周而悲泣,雍门周琴声的感染倒在其次。传说雍门周带着琴去见孟尝君,孟尝君问,你的琴声能使我悲伤吗?雍门周并不立即弹琴,而是大谈一通孟尝君生何尊荣富贵,一旦死去,则牧童在其墓上嬉戏打闹,与常人无异。说得孟尝君感慨欲泪。这时雍门周才奏出悲哀的曲子,孟尝君因心有所感,乃悲伤哭泣。 ⑧假:假借。 ⑨繁:乐曲激越。 ⑩苟:假如。时启于天:上天开启了机会时运。 ⑪斗筲:即斗筲之人,小人。烈士:忠烈之士。⑫才不半古:才德不及古人一半。 ⑬徼:取。伊周:伊尹和周公。伊尹是商的大臣,周公是周初大臣,都名位极高。 ⑭“夫我”二句:意谓人之自身,对于其主体之“我”来说,即使对于智者也是一种拖累(老子曾言吾之有累,为吾有身)。意即修身进德很不容易,因为这是对自我之累的一种战胜。“物之相物”句,意谓外界的机遇推动,连昆虫之微也是能够碰到的。意即成就事功较为容易,因为只要有外界的机遇碰巧就行。婴,遭

到。情，情况，形势。　⑮神器：指帝王之位。晖其顾眄：意谓甚得皇帝的青睐。晖，光明。　⑯玩：轻慢，轻视。　⑰从谀：顺从和谄谀。　⑱任出才表：担任的职责超过了才能。　⑲好荣恶辱：喜好荣耀厌恶羞辱。　⑳大期：最大的期望。　㉑忌盈害上：妒忌圆满残害在上的。　㉒不免：意谓不免妒忌和残害。　㉓"人主"数句：意谓帝王是得到上天护佑，天下服从的，尚且有人起来造反，行妒忌和残害之实。袪服，黑色的衣服。阡陌，田野。　㉔制命：制订法令。　㉕裁物：处理事务。㉖斫：砍，劈。　㉗"且夫"四句：据《左传·襄公二十六年》载，春秋中后期卫国实际权力掌握在宁喜手中，国君只主持一些祭祀大典，因而引起国君卫献公及大臣不满的史实。　㉘《君奭》：《尚书》篇名。鞅鞅：通怏怏。　㉙高平：指汉代大臣魏相，他曾被封为高平侯。博陆：指另一大臣霍光，他曾封为博陆侯。师师：意满尊崇的样子。魏、霍两人互相倾轧，侧目即指此。
㉚嫌吝：指对周公旦的猜嫌。　㉛汉宣帝与霍光同乘，以光权重，宣帝感到犹如芒刺在背。　㉜"光于四表"四句：指周公旦德行丰满，又是周成王的叔父。　㉝"登帝天位"四句：指霍光扶立宣帝即位，前后秉政二十余年。　㉞伊生：指商代大臣伊尹。明允：廉明公正。婴：遭受。这句指伊尹放逐了昏庸的国王太甲，后被太甲杀死。　㉟文子：指春秋越国大臣文种，他曾忠谏越王，后被越王赐剑自尽。齿：当。　㊱此：与上句的"彼"，都指上文伊尹、周公旦、霍光等人。　㊲众多：众人。㊳饕：贪吃。喻贪婪地攫取。道家之忌：道家认为，热衷用世，贪图名利，是很危险的事，是自然生命之大忌。　㊴易：看轻。这句意谓没有什么才能却看轻圣贤所难于做到的事情。㊵势过：势位过高。　㊶宠盛：帝王非常宠信。　㊷辞宠以招福：逃避帝王的宠信以求得真正的安乐。　㊸申宫警守：申、警，都是戒备严防的意思。　㊹不畜之威：不经过长期建树形成的权威。　㊺伤心之怨：受伤害极深的怨恨。伤心，跟现代

汉语的"伤心"含义有所不同。 ㊻陊(duǒ)落:此处意谓怨恨仇视。 ㊼偃仰瞪眄:喻态度傲慢,不可一世。 ㊽曩勋:以前的功劳。曩(nǎng),从前。 ㊾暗:不明白,不清楚。会:机遇、机运。 ㊿颠仆:喻败亡。 51逾量:超过一定的度。52恶欲:厌恶和喜爱。 53游子:为求仕而到处游历的人。徇:求。 54垂名:留下名声。 55率意无违:依顺人的自然之性不要违悖。 56"借使"一句:意谓假如这个人对天道有所了解的话。借,假如。伊人:指上文"饕大名以冒道家之忌"以下所言的那个人,实即本文的讥讽对象齐王冏。天道:其含义即下文"尽不可益,盈难久持"。 57引:退。 58"巍巍"句:意谓盛德可以和前贤媲美。巍巍,高大貌。"洋洋"句:意谓高尚的风范可以记载于后代的史籍。洋洋,美的样子。来籍,将来的史籍。 59大欲、至乐:都是道家用来描写人生最高享受的词汇。愆:失。 60"节弥"二句:意谓节制的表现越突出,德操的传播就越广;越是超脱名声就越美好。劭,美。 61昧:愚昏。62"然后"二句:意谓河海一般的广大丰富埋没成枯涸之流(喻丰功崇德忘却不提),小小的一点过失变得像丘山那般重大。衅:过失。箦:竹筐。 63凶顽之条:登载恶人、坏人姓名的簿籍。厌:受够。荼毒之痛:指刑罚。 64故聊赋焉:本文为《豪士赋》序,《赋》本身已不完整,故不入选。 65少有寤:稍为有些觉悟。少,稍稍。寤,同悟。

【品评】

势位不可图,名利不可贪;功不宜矜,宠不足恃。只有超然自引,高揖而退,才是全性保身的妙道:这就是本文的主旨。为阐明这一主旨,作者从正反两方面反复论证,用史实和情理多方设喻,使得文章论证严密,既有很强的逻辑性,同时又富有形象性,确是一篇上乘的论说文。

第一段论证功业之立颇赖时势,并非真有大的才德。第二段论证即使真有大功德而得据高位，也是位高势危，十分可怕。所以第三段说明那些靠偶然机运获得主上宠信的“短才”，如果不“辞宠招福”，反而夸世矜勋，那就真是自取败亡了。第四段，作者提出只有超然自引，高揖而退，才是免遭败亡的自安之道。文章的逻辑是很严密的。

文章运用了一系列史实和伊尹、霍光等的遭遇，既增加了说服力又丰富了它的内容；文章又运用了好些比喻，如“落叶俟微风以陨”“河海之迹堙为穷流”等，增强了它的形象性。文章的语言十分典雅，这是由富丽的辞藻、工稳的骈偶、精心的修辞所造成的。所有这些，都是精心构思的结果，值得今人学习借鉴。

陆机《文赋》曾提出论说文应该“精微而朗畅”，还要“辞达而理举”。从本文来看，他是完全达到了这一要求的。

鲁　褒

字元道，西晋末年隐士，南阳（今属河南）人。生卒年不详。好学多闻，贫而能不屈其志。晋惠帝元康以后，朝政大乱，鲁褒作《钱神论》以刺之。

钱神论

钱之为体，有乾坤之象，内则其方，外则其圆。[①]其积如山，其流如川。动静有时，行藏有节，市井便易，不患耗折。[②]难折象寿，不匮象道，[③]故能长久，为世神宝。亲之如兄，字曰“孔方”，失之则贫弱，得之则富昌。无翼而飞，无足而走，解严毅之颜，开难发之口。钱多者处前，钱少者居后。处前者为君长，在后者为臣仆。君长丰衍而有余，臣仆穷竭而不足。《诗》云：“哿矣富人，哀此茕独[④]。”钱之为言泉也，无远不往，无幽不至。京邑衣冠，疲劳讲肆，厌闻清谈，对之睡寐，见我家兄，莫不惊视。钱之所祐，吉无不利，何必读书，然后富贵。昔吕公欣悦于空版，[⑤]汉祖克之于嬴二，[⑥]文君解布裳而被锦绣，相如乘高盖而解犊鼻，[⑦]官尊名显，皆钱所致。空版至虚，而况有实；嬴二虽少，以致亲密。由此论之，谓方神物。无德而尊，无势而热，排金门而入紫闼。危可使安，死可使活，贵可使贱，生可使杀。是故忿争非钱不胜，幽滞非钱不拔，怨雠非钱不解，令问非钱不发。[⑧]洛中朱衣，当途之士，爱我家兄，皆无已已。执我之手，抱我终始，不计优劣，不论年纪，宾客辐辏，门常如市。谚曰："钱无耳，可使鬼。"凡今之人，惟钱而已。故曰军无财，士不来；军无赏，士不往。仕无中人，不如归田。虽有中人，而无家兄，不异无翼而欲飞，无足而欲行。

【注释】

①"有乾坤"三句：乾指天，坤指地。古人以为天圆地方，故以钱内方象地，外圆象天。 ②秏：同耗，减损也。言钱虽磨损，其价不变。 ③不匮：无穷尽，言钱流通，如道家之"道"，"日用而不匮"也。 ④"《诗》云"二句：见《诗经·小雅·正月》。 ⑤吕公欣悦于空版：《史记·高祖本纪》载，吕公为沛令重客，诸吏往贺，令贺者进不满千钱，皆坐之堂下。高祖为亭长，"乃诈为谒曰：贺万钱。实不持一钱"。谒入，吕公大惊，起迎之门，见高祖，遂敬重之。 ⑥赢二：《史记·萧相国世家》："高祖以吏繇咸阳，吏皆送奉钱三，（萧）何独以五。"故曰"赢二"。 ⑦"文君"二句：据《史记·司马相如列传》载，司马相如娶卓文君后，在临邛买一酒舍，而令文君当垆。相如身自著犊鼻裈，与保庸杂作，涤器于市中。后卓氏分之财，乃归成都为富人。 ⑧令问：美名也。

【品评】

这是一篇著名的刺世文章，全文已佚，这里选用的是《晋书》中辑录的文字。据清严可均《全上古三代秦汉三国六朝文》文所辑，还有一些佚句，但与本文文气不连接，还有一些可能是同时人成公绥的《钱神论》中文字，所以这里从略。

西晋末年是一个政治十分混乱和黑暗的时代，当时朝中贵臣大抵好搜括民财，以奢侈相夸耀。例如：著名的王恺和石崇斗富的故事就可见一斑。其实这种风气，也决不限于这二人，就是一些较有名声的人物，也毫不例外。所以《世说新语》中专门立了“俭啬”一门，其中记载当时著名的名士王戎说：“司徒王戎既贵且富，区宅、僮牧、膏田、水碓之属，洛下无比。契疏鞅掌，每与夫人烛下散筹算计。”王戎是“竹林七贤”之一，尚且如此贪财，其他的人更可想而知了。鲁褒在这篇文章中，写道：“洛中朱衣，当途之士”们“爱我家兄”（孔方兄），乃至“执我之手，抱我终始”。他们以清谈自命，其实对此并无兴趣，一闻“钱”字，立即“莫不惊视”。这种对拜金主义的权贵们的讽刺，可谓入木三分。本文比较朴素，很少雕琢，但文字自然流畅。“孔方兄”的典故，至今还在人们口头流传。后人评西晋末年政局的混乱，也常常提到此文。可见本文在历史上的重大影响。

王羲之(303—361)

字逸少。琅邪临沂(今属山东)人。东晋书法家、文学家。王羲之少时,曾为名臣王导、周颉等所称赏。起家秘书郎,曾为庾亮参军,历任宁远将军、江州刺史、护军将军、右军将军、会稽内史等职。后去官,隐于会稽,与诸名士为山泽之游。所作《兰亭集序》及致殷浩、司马昱及谢安诸书信,均为后人传诵。

与会稽王笺①

古人耻其君不为尧舜,北面之道,岂不愿尊其所事,比隆往代,况遇千载一时之运。顾智力屈于当年,何得不权轻重而处之也。今虽有可欣之会,内求诸己,而所忧乃重于所欣。传云:"自非圣人,外宁必有内忧。"② 今外不宁,内忧已深。古之弘大业者,或不谋于众,倾国以济一时功者,亦往往而有之。诚独运之明足以迈众,暂劳之弊终获永逸者可也。求之于今,可得拟议乎?夫庙算决胜,必宜审量彼我,万全而后动。功就之日,便当因其众而即其实。今功未可期,而遗黎歼尽,万不余一。且千里馈粮,自古为难,况今转运供继,而输许洛,北入黄河。虽秦政之弊,未至于此,而十室之忧,便以交至。今运无还期,征求日重,以区区吴越经纬天下十分之九,不亡何待。而不度德量力,不弊不已,此封内所痛心叹悼而莫敢吐诚。往者不可谏，来者犹可追，愿殿下更垂三思，解而更张，令殷浩、荀羡还据合肥、广陵，[③]许昌、谯郡、梁、彭城诸军皆还保淮，为不可胜之基，须根立势举，谋之未晚，此实当今策之上者。若不行此，社稷之忧可计日而待。安危之机，易于反掌，考之虚实，著于目前，愿运独断之明，定之于一朝也。地浅而言深，[④]岂不知其未易。然古人处闾阎行阵之间，尚或干时谋国，评裁者不以为讥，况厕大臣之末行，岂可默而不言哉。存亡所系，决在行之，不可复持疑后机，不定之于此，后欲悔之，亦无及也。殿下德冠宇内，以公室辅朝，最可直道行之，致隆当年，而未允物望，受殊遇者所以寤寐长叹，实为殿下惜之。国家之虑深矣，常恐伍员之忧不独在昔，麋鹿之游将不止林薮而已。[⑤]愿殿下暂废虚远之怀，以救倒悬之急，可谓以亡为存，转祸为福，则宗庙之庆，四海有赖矣。

【注释】

①会稽王：指晋会稽王司马昱，即简文帝。晋穆帝永和八年（352），殷浩乘后赵石虎死，发生内乱，起兵北伐。司马昱当时任司徒，王羲之写信给他，认为东晋内部未安定，不宜北伐。②见《左传》成公十六年范文子士燮语。　③殷浩：陈郡长平人，卒于永和十二年(356)，时为中军将军。荀羡：颍川临颍人，卒于升平二年(358)，时为北中郎将。　④地浅：指资历浅近。⑤用《史记·淮南衡山列传》典："臣闻(伍)子胥谏吴王，吴王不用，乃曰'臣今见麋鹿游姑苏之台也'。"代指亡国之祸。

【品评】

东晋中叶，割据北方的石虎死去，东晋朝廷认为是出兵收复中原的时机，于是就派殷浩等人率兵北上，企图收复洛阳。但从当时的形势来看，成功的希望很小。因为北方虽然处于混战的局面，但各少数民族军事首领的力量尚强，以东晋微弱的兵力，很难取胜。更重要的是当时东晋内部矛盾重重。大军阀桓温称雄于上游的荆州，而在建康的朝廷中，为了和桓温对抗，以司马昱为首的一些官僚，起用当时的“名士”殷浩来和他对抗，彼此的争权斗争十分尖锐。殷浩又是一个徒有虚名，并无真实才干的人。东晋朝廷想仅仅依仗今江浙一带的人才、财力去收复中原，又任用了殷浩这样的人，显然是只能招致失败的。王羲之对这种情势看得十分清楚。所以他强调“以区区吴越经纬天下十分之九，不亡何待”，他要求先守住淮河，“为不可胜之基”。这是很有见地的。王羲之当时任右军将军、会稽内史，所以自称“厕大臣之末行”，但他不在朝廷之中，不能亲自发表自己的政见，只能用书信向司马昱提出自己的见解。后来殷浩北伐，果然遭到了惨败，使桓温的专断变本加厉。这一切都是王羲之所预见到的。从这封信中，可以看出王羲之的识见和他性格的耿直。文章也具有强烈的说服力，笔锋带有感情，是一篇难得的政论文章。

孙　绰(314—371)

字兴公,祖籍太原中都(今山西平遥)人,东晋玄言诗人的代表人物。少年时与许询俱有高尚之志,居于会稽,游放山水,作《遂初赋》。后为著作佐郎,历章安令、太学博士、尚书郎诸职,曾上疏谏桓温还都洛阳之议。后转廷尉卿,领著作。当时名臣之薨,皆绰为碑文。明人辑有《孙廷尉集》。

游天台山赋并序

天台山者,盖山岳之神秀者也。涉海则有方丈、蓬莱,[①]登陆则有四明、天台,[②]皆玄圣之所游化,[③]灵仙之所窟宅。夫其峻极之状,[④]嘉祥之美,穷山海之瑰富,尽人神之壮丽矣。所以不列于五岳,阙载于常典者,[⑤]岂不以所立冥奥,其路幽迥,或倒景于重溟,或匿峰于千岭。始经魑魅之涂,卒践无人之境。举世罕能登陟,王者莫由禋祀,[⑥]故事绝于常篇,名标于奇纪。然图像之兴,岂虚也哉。非夫遗世玩道,绝粒茹芝者,乌能轻举而宅之。非夫远寄冥搜,[⑦]笃信通神者,何肯遥想而存之。余所以驰神运思,昼咏宵兴,俯仰之间,若已再升者也。方解缨络,[⑧]永托兹岭。不任吟想之至,聊奋藻以散怀。

太虚辽阔而无阂,[⑨]运自然之妙有,融而为川渎,结而为山阜。嗟台岳之所奇挺,实神明之所扶持。荫牛宿以曜峰，托灵越以正基。[10] 结根弥于华岱，直指高于九疑。[11] 应配天于唐典，齐峻极于周诗。[12] 邈彼绝域，幽邃窈窕。[13] 近智以守见而不之，之者以路绝而莫晓。哂夏虫之疑冰，[14] 整轻翮而思矫。[15] 理无隐而不彰，启二奇以示兆。[16] 赤城霞起以建标，[17] 瀑布飞流以界道。睹灵验而遂徂，忽乎吾之将行。仍羽人于丹丘，[18] 寻不死之福庭。苟台岭之可攀，亦何羡于层城。[19] 释域中之常恋，畅超然之高情。被毛褐之森森，振金策之铃铃。[20] 披荒榛之蒙茏，[21] 陟峭崿之峥嵘。济楢溪而直进，落五界而迅征。跨穹隆之悬磴，临万丈之绝冥。践莓苔之滑石，搏壁立之翠屏。揽樛木之长萝，援葛藟之飞茎。[22] 虽一冒于垂堂，[23] 乃永存乎长生。必契诚于幽昧，履重崄而逾平。既克济于九折，路威夷而修通。[24] 恣心目之寥朗，任缓步之从容。藉萋萋之纤草，荫落落之长松。觌翔鸾之裔裔，听鸣凤之嗈嗈。[25] 过灵溪而一濯，疏烦想于心胸。荡遗尘于旋流，[26] 发五盖之游蒙。[27] 追羲农之绝轨，蹑二老之玄踪。[28] 陟降信宿，迄于仙都。双阙云竦以夹路，琼台中天而悬居。朱阁玲珑于林间，玉堂阴映于高隅。彤云斐亹以翼櫺[29]，皦日炯晃于绮疏。[30] 八桂森挺以凌霜，[31] 五芝含秀而晨敷。惠风伫芳于阳林，醴泉涌溜于阴渠。建木灭景于千寻，[32] 琪树璀璨而垂珠。[33] 王乔控鹤以冲天，[34] 应真飞锡以蹑虚。[35] 骋神变之挥霍，忽出有而入无。于是游览既周，体静心闲。害马已去，世事都捐。[36] 投刃皆虚，目牛无全。[37] 凝思幽岩，朗咏长川。尔乃羲和亭午，[38] 游气高褰。法鼓琅以振响，众香馥以扬烟。肆觐天宗，爰集通仙。挹以玄玉之膏，嗽以华池之泉，散以象外之说，畅以无生之篇。[39] 悟遣有之不尽，觉涉无之有间。[40] 泯色空以合迹，忽即有而得玄。[41]释二名之同出，消一无于三幡。[42]恣语乐以终日，等寂默于不言。浑万象以冥观，兀同体于自然。

【注释】

①方丈、蓬莱：古代传说中的海上仙山。 ②四明、天台：四明山在今浙江宁波地区，天台山在今浙江天台县、临海市，皆浙东名山。 ③玄圣：神仙。 ④峻极：极高。《诗经·大雅·崧高》："崧高维岳，峻极于天。" ⑤"阙载"句：古代帝王有祭名山大川之典，然天台山不与也，故曰"阙载于常典"。 ⑥禋(yīn)祀：祭祀山川也。 ⑦冥搜：苦思以求幽远之理。 ⑧缨络：官爵世务之缠身者。 ⑨太虚：天也。阂：碍也。言天道寥廓忽荒，运转而无碍也。 ⑩"荫牛宿"二句：古代以天上诸星应地下州郡，以牛星分野为越地。天台山属越地，故云。 ⑪弥：超越也。华岱：华山与泰山。九疑：指衡山九疑峰。 ⑫应配天于唐典：据《左传》庄公二十二年载，周史见陈侯曰："姜，太岳之后也，山岳则配天。"杜预注："姜姓之先，为尧四岳。"故曰唐典。"齐峻极"句，指《诗经·大雅·崧高》(详注④)。 ⑬窈窕：幽深貌。 ⑭"哂夏虫"句：语出《庄子·秋水篇》："夏虫不可以语于冰者，笃于时也。" ⑮矫：飞。 ⑯二奇：指赤城山与瀑布。 ⑰"赤城"句：言赤城山高耸若入宫殿必先经高柱。标：标柱。 ⑱仍：随也。羽人：仙人。 ⑲层城：即增城。《淮南子·地形训》："掘昆仑墟以下地，中有增城九重，其高万一千里百一十四步二尺六寸。" ⑳金策：锡杖。铃铃：锡杖声。 ㉑蒙茏：草木茂盛貌。 ㉒"揽樛木"二句：暗用《诗经·周南·樛木》"南有樛木，葛藟累之"典。樛木，木下曲也。葛藟，粗藤。 ㉓"虽一冒"句：暗用司马相如《上书谏猎》"千金之子，坐不垂堂"典。 ㉔威夷：长而平坦。 ㉕裔

裔:飞貌。喈喈:声之和也。　㉖旋流:旋涡之水。　㉗五盖:佛家语,谓贪欲、瞋恚、睡眠、调戏、疑悔也。　㉘二老:指老子与老莱子。　㉙"彤云"句:言赤云多文彩以承仙宫之窗。㉚"皦日"句:言日光照耀于仙宫有花纹之窗。　㉛八桂:《山海经·海内南经》:"桂林八树,在番(一作"贲")隅东。"　㉜建木:典故出《淮南子·地形训》:"建木在都广,众帝所自上下,日中无景,呼而无响,盖天地之中也。"　㉝琪树:《山海经·海内西经》:"开明北有视肉、珠树、文玉树、玗琪树。"璀璨:珠垂貌。㉞"王乔"句:用《列仙传》载仙人王子乔骑鹤典故。　㉟"应真"句:谓罗汉能以锡杖飞行天上。应真,罗汉。　㊱害马:用《庄子·徐无鬼篇》"夫为天下者,亦奚以异乎牧马者哉,亦去其害马者而已矣"典故。此处以"害马"喻尘俗之念。　㊲投刃皆虚:用《庄子·养生主篇》载庖丁宰牛,刀刃皆在骨节空隙处,故迎刃而解。故自称"三年之后,未尝见全牛也"。谓尘心已去,可洞察一切事物。　㊳羲和:日也。亭午:正午。　㊴象外:道家所谓"道"。无生:指佛家经典。　㊵"悟遣有"二句:道、佛两家皆以无为宗。今悟有为非而遣之,方可悟无之理。然自以为"遣有"尚有不尽,故涉无尚有隙也。　㊶"泯色空"二句:言等同色(存在)与空(无),忽由"色"以明空。用佛家"色即是空"义。　㊷"释二"二句:用《老子》以为"有"与"无""同出而异名"义。三幡:佛家说,以为色,一也。色空,二也,观三也。言三幡虽殊,消令为一,同归于无也。

【品评】

孙绰在东晋一代,是著名的玄言诗人。他的诗现在剩下的不算多,其中有些有较生动的写景之句,有些纯属淡泊的说理,因此不大为读者所喜爱。但他这篇《登天台山赋》,却是广为传诵的名作。在赋的序中,作者自称"余所以驰神运思,昼咏宵兴,俯仰之间,若已再升者也",似乎作者并未真的到过天台山。

只是由于他长期住在会稽，对浙东一带的山水，有较深切的感受，他是通过想象来描写天台山的景色。赋中除“赤城霞起以建标”等句稍有写实成分外，着力描写的仙宫景色大抵出于想象。如“建木”“琪树”以至仙人王子乔、佛家的罗汉等等，都非现实的存在。这种写法和李白的《梦游天姥吟留别》比较相似。不过李白此诗，旨在描写梦境，而孙绰此赋，除了写想象的事物外，还有借此谈玄理的成分。这在赋的最后一段中表现得尤为显著。他在这里大谈道家的“有”“无”，佛家的“色空”，这本来是很枯燥的玄理，但在这里却和形象的描写相结合，而更显得调和。可见历来读者虽不喜玄言诗，却欣赏《游天台山赋》，决非偶然的。

陶渊明(365—427)

字元亮,一说名潜字渊明,浔阳柴桑(今江西九江)人。东晋大文学家。曾祖陶侃,东晋初名臣,封长沙公。陶渊明为其支庶子孙,故出生时家庭已甚贫困。陶渊明以家贫,尝出任江州祭酒,不久辞官归隐。此后又曾出任参军等职,为时不久。后为彭泽令,凡八十余日,即弃官而去,作《归去来兮辞》,自是不复出仕,躬耕自养,不忧贫贱,为时人及后世所称。陶渊明善诗,其诗似平淡而实多匠心,貌似平和,而中有骨鲠,为历来所称道。有《陶渊明集》。

归去来兮辞

余家贫,耕植不足以自给。幼稚盈室,瓶无储粟,生生所资,未见其术。亲故多劝余为长吏,脱然有怀,求之靡途。会有四方之事,诸侯以惠爱为德,[1]家叔以余贫苦,[2]遂见用为小邑。于时风波未静,心惮远役,彭泽去家百里,公田之利,足以为酒,故便求之。及少日,眷然有归欤之情。[3]何则,质性自然,非矫励所得。饥冻虽切,违己交病。尝从人事,皆口腹自役。于是怅然慷慨,深愧平生之志,犹望一稔,[4]当敛裳宵逝。寻程氏妹丧于武昌,情在骏奔,[5]自免去职。仲秋至冬,在官八十余日。因事顺心,命篇曰《归去来兮》。乙巳岁十一月也。

归去来兮,田园将芜胡不归。既自以心为形役,奚惆怅而独悲。悟已往之不谏，知来者之可追。实迷途其未远，觉今是而昨非。舟遥遥以轻飏，[6]风飘飘而吹衣。问征夫以前路，恨晨光之熹微。[7]乃瞻衡宇，[8]载欣载奔。僮仆欢迎，稚子候门。三径就荒，松菊犹存。携幼入室，有酒盈樽。引壶觞以自酌，眄庭柯以怡颜。倚南窗以寄傲，审容膝之易安。[9]园日涉以成趣，门虽设而常关。策扶老以流憩，[10]时矫首而遐观。[11]云无心以出岫，鸟倦飞而知还。景翳翳以将入，抚孤松而盘桓。归去来兮，请息交以绝游。世与我而相违，复驾言兮焉求。悦亲戚之情话，乐琴书以消忧。农人告余以春及，将有事于西畴。或命巾车，或棹孤舟。既窈窕以寻壑，[12]亦崎岖而经丘。木欣欣以向荣，泉涓涓而始流。善万物之得时，感吾生之行休。已矣乎，寓形宇内复几时，曷不委心任去留。胡为乎遑遑欲何之，富贵非吾愿，帝乡不可期。[13]怀良辰以孤往，或植杖而耘耔。登东皋以舒啸[14]，临清流而赋诗。聊乘化以归尽，乐夫天命复奚疑。

【注释】

①诸侯：指执政大臣。逯钦立先生以为指刘裕等。　②家叔：指陶夔。　③眷然：依恋貌。　④一稔：一年。　⑤骏奔：急驰。《诗经·周颂·清庙》："骏奔走在庙。"　⑥轻飏：随风飘动。　⑦熹微：蒙眬。　⑧衡宇：贫者之居。《诗经·陈风·衡门》："衡门之下，可以栖迟。"　⑨"审容膝"句：《文选》李善注引《韩诗外传》载，北郭先生妻曰：今结驷列骑，所安不过容膝。⑩策：手杖，此处作持杖解。　⑪矫首：仰头。遐：远。　⑫窈窕：幽深貌。壑：山谷。　⑬帝乡：上帝所居，借指仙境。⑭东皋：东方泽畔之高地。舒啸：放声长啸。

【品评】

《归去来兮辞》是陶渊明的著名代表作。这是他最后一次出仕而弃官归隐时所作。从此以后,他再没有步入官场。关于他弃官的原因,他在文中说得很清楚:“质性自然,非矫励所得。饥冻虽切,违己交病。”显然他是看不惯官场中那种黑暗恶浊的风气,他又不愿为了那微薄的俸禄去违心地同流合污。因此只做了八十几天彭泽令,就去职了。在文中,他虽然写自己的不愿与黑暗现实的志节,而更主要的则在于描写田园之乐。文章的前半写到了他一踏上归途,就显出了无穷的乐趣:“舟遥遥以轻飏,风飘飘而吹衣”,特别是“乃瞻衡宇,载欣载奔”一段,更表现出他迫切地希望回到大自然怀抱的心情。因此到家一看,“僮仆欢迎,稚子候门”,“三径就荒,松菊犹存”,更显得亲切动人。陶渊明所向往的清高闲适的生活已经展现在目前。他把大自然的景物和自己的志节紧密地结合起来描写,“云无心以出岫,鸟倦飞而知还”,写的虽是云和鸟,却也是自己心情的真切写照。特别是文章的后半,写到了农事活动,在陶渊明看来,农民虽然辛苦,却不用违心地和恶势力妥协,因此选择了“躬耕自资”的道路。后来的事实证明,他是身体力行了这些话的。《归去来兮辞》所集中表现的正是这种清高的志节。据说宋代大文学家欧阳修认为此文是东晋南朝文人所莫及的。大约也是有鉴于此吧!

桃花源记

晋太元中,[①] 武陵人捕鱼为业,[②] 缘溪行,忘路之远近。忽逢桃花林,夹岸数百步,中无杂树,芳草鲜美,落英缤纷。渔人甚异之，复前行，欲穷其林。林尽水源，便得一山。山有小口，仿佛若有光。便舍船从口入。初极狭，才通人。复行数十步，豁然开朗。土地平旷，屋舍俨然。[③]有良田、美池、桑竹之属，阡陌交通，鸡犬相闻。其中往来种作，男女衣着，悉如外人。[④]黄发垂髫，[⑤]并怡然自乐。见渔人，乃大惊。问所从来，具答之。便要还家，为设酒杀鸡作食。村中闻有此人，咸来问讯。自云先世避秦时乱，率妻子邑人，来此绝境，不复出焉，遂与外人间隔。问今是何世，乃不知有汉，无论魏晋。此人一一为具言所闻，皆叹惋。余人各复延至其家，皆出酒食。停数日，辞去。此中人语云："不足为外人道也。"既出，得其船，便扶向路，[⑥]处处志之。及郡下，诣太守说如此。太守即遣人随其往，寻向所志，遂迷不复得路。南阳刘子骥，[⑦]高尚士也。闻之，欣然规往，未果，寻病终。后遂无问津者。

【注释】

①太元：晋孝武帝年号，当公元376至396年。　②武陵：今湖南常德。　③俨然：整齐貌。　④外人：桃花源以外之人。　⑤黄发：老人。垂髫：童稚。　⑥向路：前时所经之路。　⑦南阳刘子骥：晋人，即刘驎之。

【品评】

《桃花源记》是陶渊明的名作之一，文末附有《桃花源诗》一首，今略。关于这个故事，研究者们的意见不很一致，有的认为确有其事，有的则以为纯属虚构。其实不管怎样说，这篇文章和附诗确是表现了陶渊明所幻想的一个乌托邦。在这个世界里，人们对王朝的更迭，统治者间的互相争斗，全无所知。他们“乃不知有汉，无论魏晋”，听到渔人述及这段史事，“皆叹惋”。在附诗中甚至说“春蚕收长丝，秋熟靡王税”，似乎这里的居民，可以和统治者不发生任何联系，这在当时是极为大胆的设想。在这个桃花源中，显然也不存在剥削和压迫，人们都能自由自在地“怡然自乐”。这种情景，显然纯属幻想，在当时的历史条件下，不可能真正出现。事实上陶渊明也并不认为这是真实的，所以在文章的最后一部分，把桃花源写得那么迷离缥缈，简直像个仙境。后来的论者，确实也有用神仙之说来解释的。但最重要的还在这种幻想，毕竟是对人间现实的曲折反映。正因为当时社会中封建剥削的严重，才会出现这样一种幻想。

谢惠连(397—433)

陈郡阳夏(今河南太康)人,南朝宋文学家,谢灵运族弟。幼能文,为灵运所赏,官至宋彭城王刘义康法曹参军,蚤卒。所作诗有《捣衣》《秋怀》等名篇,赋有《雪赋》,皆有名。明人辑有《谢法曹集》。

祭古冢文并序

东府掘城北堑,[①]入丈余,得古冢。上无封域,不用砖甓,以木为椁,[②]中有二棺,正方,两头无和。[③]明器之属,[④]材瓦铜漆,有数十种,多异形,不可尽识。刻木为人,长三尺,可有二十余头,初开见,悉是人形,以物栜拨之,[⑤]应手灰灭。棺上有五铢钱百余枚。水中有甘蔗节及梅李核瓜瓣,皆浮出,不甚烂坏。铭志不存,世代不可得而知也。公命城者改埋于东冈,[⑥]祭之以豚酒。既不知其名字远近,故假为之号曰冥漠君云尔。

元嘉七年九月十四日,司徒御属直兵令史、统作城录事、临漳令、亭侯朱林,具豚醪之祭,敬荐冥漠君之灵。忝总徒旅,[⑦]板筑是司,穷泉为堑,聚壤成基。一椁既启,双棺在兹,舍畚凄怆,纵锸涟而。[⑧]刍灵也毁,涂车既摧，[9]几筵糜腐，俎豆倾低。盘或梅李，盎或醯醢，蔗传余节，瓜表遗犀。[10]追惟夫子，生自何代，曜质几年，潜灵几载。[11]为寿为夭，宁显宁晦，铭志湮灭，姓字不传。今谁子后，曩谁子先，功名美恶，如何蔑然。百堵皆作，十仞斯齐，墉不可转，堑不可回。黄肠既毁，便房已颓，[12]循题兴念，抚俑增哀。射声垂仁，[13]广汉流渥，[14]祠骸府阿，掩骼城曲。仰羡古风，为君改卜，轮移北隍，窀穸东麓。[15]圹即新营，棺仍旧木。合葬非古，周公所存，敬遵昔义，还祔双魂。酒以两壶，牲以特豚，幽灵仿佛，歆我牺樽。[16]呜呼哀哉！

【注释】

①东府：东晋时会稽王司马道子府第，在建康城东侧。堑：护城河。 ②椁：古人下葬时有棺二重，内曰棺，外曰椁。 ③和：棺前题死者姓名处。 ④明器：陪葬之器物。 ⑤枨拨：触碰。 ⑥公：指宋司徒彭城王刘义康。 ⑦徒旅：从役之众。 ⑧纵锸涟而：言舍锹而泪下。 ⑨刍灵、涂车：皆古代陪葬之物。 ⑩犀：瓜瓣。 ⑪曜质：指享年之数。潜灵：指卒后至今。 ⑫黄肠：古人下葬，以柏木黄心累于棺外曰“黄肠”。便房：坟中墓室。 ⑬射声：指东汉射声校尉曹褒，曾埋葬无主棺木百余具，见《后汉书·曹褒传》。 ⑭广汉：据《文选》李善注引《东观汉记》载，东汉陈宠为广汉太守，曾掩埋雒阳城南骸骨。 ⑮窀穸（zhūn xī）：墓穴。 ⑯牺樽：制成牛形的酒器。

【品评】

此文是当时浚修东府护城河时掘到一个古墓，主管此事者把挖出的棺木重新改葬，在这过程中，还对墓主进行祭祀。此文序言所述当时挖出古墓的情况，比较详细，可以看作是对古墓发掘的记载。祭文本身四字一句，基本上是当时哀祭文通用的形式。一般的祭文，大抵为对家人或好友而发，因此常常以缠绵凄怆为基调，但此文所祭是一个不知年代的古墓，作者对墓主毫无了解，只能称之为“冥漠君”。作者既无从称道死者平生的德行，也谈不上什么交谊。全文只能从哀悼墓穴的毁坏和对改葬棺木的理由立言。因此行文以潇洒、澹泊为特色，在祭文中别具一格。谢惠连的《雪赋》以辞藻华丽著称，而此文独以古朴见长，也可见作者不专一能的才华。

谢　庄(421—466)

字希逸，陈郡阳夏(今河南太康)人。南朝宋文学家。出身名门，年七岁善属文。曾任吏部尚书、金紫光禄大夫诸职。谢庄善弹琴，解宫商，作诗好用典，曾为钟嵘所批评。然所作《月赋》则平易而多抒情意味，又善作杂言诗，引用赋体入诗，如《怀园引》等诸作，颇具特色。明人辑有《谢光禄集》。

月　赋[1]

陈王初丧应刘，端忧多暇。绿苔生阁，芳尘凝榭。悄焉疚怀，不怡中夜。乃清兰路，肃桂苑，腾吹寒山，弭盖秋阪。[2]临浚壑而怨遥，[3]登崇岫而伤远。于时斜汉左界，北陆南躔。[4]白露暧空，素月流天。沈吟齐章，殷勤陈篇。[5]抽毫进牍，以命仲宣。仲宣跪而称曰：臣东鄙幽介，[6]长自邱樊，昧道懵学，孤奉明恩。臣闻沈潜既义，高明既经。[7]日以阳德，月以阴灵。擅扶光于东沼，嗣若英于西冥。[8]引玄兔于帝台，集素娥于后庭。[9]朒朓警阙，朏魄示冲。[10]顺辰通烛，从星泽风。[11]增华台室，扬采轩宫。[12]委照而吴业昌，沦精而汉道融。[13]若夫气霁地表，云敛天末，洞庭始波，木弃微脱。菊散芳于山椒，雁流哀而江濑。升清质之悠悠，降澄辉之蔼蔼。列宿掩缛，长河韬映。柔只雪凝，圆灵水镜。连观霜缟，周除冰净。君王乃厌晨欢，乐宵宴，收妙舞，弛清县，[14]去烛房，即月殿，芳酒登，鸣琴荐。若乃凉夜自凄，风篁成韵，亲懿莫从，羇孤递进。聆皋禽之夕闻，听朔管之秋引。于是丝桐练响，音容选和。徘徊《房露》，惆怅《阳阿》。[15]声林虚籁，沦池灭波。情纡轸其何托，诉皓月而长歌。歌曰：美人迈兮音尘阙，隔千里兮共明月。临风叹兮将焉歇，川路长兮不可越。歌响未终，余景就毕满堂变容，回遑如失。又称歌曰；月既没兮露欲晞，岁方晏兮无与归。佳期可以还，微霜沾人衣。陈王曰善。乃命执事，献寿羞璧，敬佩玉音，复之无斁。

【注释】

①《月赋》：此赋纯属虚构。陈王指曹植，应刘指应玚、刘桢。仲宣指王粲。按：王粲卒于建安二十二年(217)春，应玚、刘桢亦卒于是年，在王粲之后。曹封陈王在太和六年(232)，皆与史实不合。作者不过假托古人以骋文辞。在六朝文中此体多有。　②弭盖：此言止车也。弭，止也。盖，指车盖。　③滚壑：深谷。　④陆：黄道线。躔：处也。日于夏令北移，至冬南迁。北陆南躔，言日已由北移南，盖指秋景。　⑤齐章：指《诗经·齐风·东方之日》末章"东方之月兮"句。陈篇：指《诗经·陈风·月出》。　⑥东鄙幽介：王粲乃山阳高平(今山东邹城)人。幽，暗昧。介，孤独。　⑦沈潜、高明：《尚书·洪范》："沈潜刚克，高明柔克。"伪孔安国传："沈潜谓地，高明谓天。"⑧扶光：日出处有扶桑。东沼：指阳谷，日所出也。擅扶光于东沼：言日未出时，月独擅其光。若英：指若木，在日入之所。西冥：指昧谷，日所入也。嗣若英于西冥：言日出入，月继之发光。⑨玄兔：指神话所谓月中玉兔。帝台：天帝之台。素娥：指嫦娥。后庭：后指君主，犹言帝庭。　⑩朒朓(nǜ tiāo)：朒即缩

朒，指朔日月光东方。朓，晦日月见西方。古人以为“朓”。由于王侯奢，“朒”由于王侯侧有小人。故云“朒朓警阙”，言戒人君也。朏(fěi)：月未盛之明。魄：月未盛明之光。示冲：指月之阙昃，以象自谦。 ⑪顺辰通烛(zhú)：烛，照也。言月依十二辰以照天下。从星泽风：典出《尚书·洪范》：“月之从星，则有风雨。”泽指雨。 ⑫“增华”二句：言月能为三台星及轩辕星增辉也。 ⑬委照而吴业昌：据《文选》李善注引《吴录》，谓孙策母吴氏孕策时梦月入怀。沦精而汉道融：据《汉书·元后传》，元帝王皇后未生时，其母李氏梦月入怀。 ⑭弛清县：清县指悬挂之乐器如钟磬之类。弛，释也。 ⑮房露：古曲名。阳阿：亦古曲名。

【品评】

此赋假托曹植、王粲，纯系虚构。这是因为魏晋六朝人作赋，本有此体，如陆机《羽扇赋》托于宋玉，谢惠连《雪赋》托于枚乘、邹阳。谢庄此赋，纯是写月。赋的一开头，作者假托曹植在他好友应玚、刘桢死后，深感寂寞，“临浚壑而怨遥，登崇岫而伤远”。这两句实际上是全赋的关键，以后的描写都是从此引出的。赋的第二部分，亦即王粲对答曹植的话之前半，铺陈了关于月亮的种种典故，这是历来赋作“铺采摛文”的特点。但全赋重点则在“若夫气雾地表，云敛天末，洞庭始波，木叶微脱，菊散芳于山椒，雁流哀而江濑”几句以下。这几句，诚如前人所说：“无一字说月，却无一字非月。”作者把这种特定的环境引出月亮本身，已充满了一种凄清寂寞的气氛，然后从写月转而写人。“君王乃厌晨欢”以下，扣紧曹植作为一个藩王，在这时的种种心情，和赋一开头所写的“悄焉疚怀，不怡中夜”相呼应。最后引出两首歌作结，都是描写惆怅之情，使人觉得余味无穷。从这篇赋中，可以看出六朝抒情小赋受诗的影响，已由体物为主转向抒情为主。历来读者对谢庄的诗，较少传诵，而此赋独一直为人喜爱，这是因为它清新平易，毫无板滞之弊的缘故。

颜延之(384—456)

字延年。琅邪临沂(今属山东)人。南朝宋诗人。少孤贫,好读书,及入仕途颇纵酒,好犯权贵。晋时为豫章公刘裕世子中军行参军,入宋,补太子舍人,历尚书仪曹郎,始安太守、中书侍郎诸职,官至金紫光禄大夫。颜延之文章与谢灵运齐名,而天然精工,微有不逮。明人辑有《颜光禄集》。

陶征士诔

夫璿玉致美,[①]不为池隍之宝;桂椒信芳,而非园林之实。岂期深而好远哉,盖云殊性而已。故无足而至者,物之籍也;[②]随踵而立者,人之薄也。若乃巢高之抗行,夷皓之峻节,[③]故已父老尧禹,[④]锱铢周汉。而緜世浸远,光灵不属,至使菁华隐没,芳流歇绝,不其惜乎。虽今之作者人自为量,而道路同尘,辍涂殊轨者多矣。岂所以昭末景,汎余波。有晋征士寻阳陶渊明,南岳之幽居者也。[⑤]弱不好弄,长实素心。[⑥]学非称师,文取指达。在众不失其寡,处言愈见其默。少而贫病,居无仆妾,井臼弗任,藜菽不给。母老子幼,就养勤匮。远惟田生致亲之议,追悟毛子捧檄之怀,[⑦]初辞州府三命,后为彭泽令。道不偶物,弃官从好。遂乃解体世纷,结志区外,定迹深栖,于是乎远。灌畦鬻蔬,为供鱼菽之祭;[⑧]织绚纬萧，[9]以充粮粒之费。心好异书，性乐酒德，简弃烦促，就成省旷，殆所谓国爵屏贵，家人忘贫者与。有诏征为著作郎，称疾不到。春秋若干，元嘉四年月日，卒于寻阳县之某里。近识悲悼，远士伤情。冥默福应，呜呼淑贞。夫实以诔华，名由谥高，苟允德义，贵贱何算焉？若其宽乐令终之美，好廉克己之操，有合谥典，无愆前志。故询诸友好，宜谥曰靖节征士。其辞曰：物尚孤生，人固介立。岂伊时遘，曷云世及。嗟乎若士，望古遥集。韬此洪族，[10]蔑彼名级。睦亲之行，至自非敦。然诺之信，重于布言。[11]廉深简洁，贞夷粹温，和而能峻，博而不繁，依世尚同，诡时则异，有一于此，两非默置。岂若夫子，因心违事。畏荣好古，薄身厚志。世霸虚礼，州壤推风。孝惟义养，道必怀邦。[12]人之秉彝，不隘不恭。[13]爵同下士，禄等上农。[14]度量难钧，进退可限。长卿弃官，稚宾自免。[15]子之悟之，何悟之辨。赋诗归来，高蹈独善。亦既超旷，无适非心。汲流旧巘，葺宇家林。晨烟暮蔼，春煦秋阴。[16]陈书缀卷，置酒弦琴。居备勤俭，躬兼贫病，人否其忧，子然其命。隐约就闲，迁延辞聘。非直也明，是惟道性。纠缠斡流，冥漠报施。孰云与仁，实疑明智。谓天盖高，胡愆斯义。履信曷凭，思顺何寘。年在中身，[17]疢惟痁疾。[18]视死如归，临凶若吉。药剂弗尝，祷祀非恤。傃幽告终，[19]怀和长毕。呜呼哀哉。敬述靖节，式遵遗占。存不愿丰，没无求赡。省讣卻赙，轻哀薄敛，遭壤以穿，旋葬而窆。呜呼哀哉！深心追往，远情逐化。自尔介居，及我多暇。伊好之洽，接阎邻舍。宵盘书憩，非舟非驾。念昔宴私，举觞相诲。独正者危，至方则阂。[20]哲人卷舒，[21]布在前载。取鉴不远，吾规子佩。尔实愀然，中言而发。违众速尤，迕风先蹶。[22]身才非实，荣声有歇。[23]睿音永矣，[24]谁箴余阙。呜呼哀哉！仁焉而终，智焉而毙。黔娄既设，[25]展禽亦逝[26]。其在先生，同尘往世。旌此靖节，加彼康惠。[27]呜呼哀哉！

【注释】

①璿(xuán)玉：美玉。 ②无足而至者：据《韩诗外传》卷六云："晋平公游于河而乐，曰：安得贤士与之乐此也。"船人盖胥跪而对曰："夫珠出于江海，玉出于昆山，无足而至者，由主君之好也。士有足而不至者，盖君无好士之意也。何患无士乎？"籍：凭借。 ③巢高：指巢父与伯成子高，皆古隐士。夷皓：指伯夷与汉初商山四皓，亦古隐士。 ④父老尧禹：据《后汉书·郅恽传》载，郅恽谓郑敬曰："子从我为伊吕乎？将为巢许乎，而父老尧舜也。"李贤注："若为巢父许由则以尧舜为父老之人也。" ⑤南岳：指庐山。晋湛方生《帆入南湖》诗："庐岳主众阜。" ⑥弱不好弄：语出《左传》僖公九年载，郤芮谓秦伯曰："夷吾弱不好弄。"素心：陶渊明《移居》诗："闻多素心人。"素心，心地纯朴。 ⑦田生致亲之议：据《韩诗外传》卷七载，田过对齐宣王曰："非君之土地，无以处吾亲。非君之禄，无以养吾亲。非君之爵，无以尊显吾亲。受之于君，致之于亲。凡事君者以为亲也。"毛子捧檄之怀：据《后汉书》刘平等人传总论载，东汉毛义得檄为县令而喜，盖为养亲故而出仕。 ⑧鱼菽之祭：菲薄之祭礼。 ⑨织绚(qú)纬萧：织草履，编草为帘也。 ⑩洪族：陶氏之先，出自陶唐，故云洪族。韬此洪族，言陶渊明出身名门而隐居养晦也。 ⑪重于布言：汉季布重然诺，见《史记·季布列传》。 ⑫怀邦：《论语比考谶》曰："文德以怀邦。"言陶渊明未忘天下事。 ⑬秉彝：秉心。不隘不恭：用《孟子·公孙

丑》上“伯夷隘,柳下惠不恭”语。 ⑭“爵同”二句:语出《礼记·王制》:“诸侯之下士视上农夫,禄足以代其耕。” ⑮长卿弃官:指汉司马相如弃官游梁故事。稚宾自免:指汉邴相,字稚宾,举州茂材,数称病去官事。 ⑯煦(xù):温润。 ⑰中身:语出《尚书·无逸》:“文王受命惟中身。”此处当指六十。⑱痁(shàn):疟疾。 ⑲傃(sù):向也。 ⑳阂:碍也。 ㉑卷舒:言随时屈伸。 ㉒迕风先蹶:此以草木为喻,言逆风则先拔。 ㉓“身实”二句:此延之自谓不才,故荣华声名为之消歇。㉔睿音:聪智之言。永矣:久远。 ㉕黔娄:古高士,与曾参同时,见《高士传》。 ㉖展禽:鲁贤士,即柳下惠。 ㉗康惠:“康”即黔娄,“惠”即柳下惠。

【品评】

颜延之是陶渊明的生前好友,两人交谊甚笃,他对陶渊明的为人了解也很深。此文用“廉深简洁,贞夷粹温,和而能峻,博而不繁”十六字概括了陶渊明的一生。清人许梿评为“将陶渊明本领,摹拟写出,犹顾长康画人,尽在阿堵中矣”。因此此文不但是六朝骈文中的名篇,也是关于陶渊明生平的重要史料。

颜延之的文风,本以凝炼、绵密为长,他对陶渊明的生平又有很深的了解,所以下笔时往往能深刻地概括出陶渊明性格的种种特点,如文中“灌畦鬻蔬,为供鱼菽之祭;织绚纬萧,以充粮粒之费”几句,几乎不必用典,却生动而形象地表现了陶渊明《归园田居》等诗的特色;“心好异书,性乐酒德”二句,也很能令人想起陶渊明的《读山海经》《饮酒》诸作。这就是因为作者对他爱之深,知之悉的缘故。只要我们对陶渊明作品有较多了解,不难发现其中许多名篇的精神已概括在文中。作者对陶渊明之死是深表哀悼的,特别是写到他当年和陶渊明聚谈,听到陶对他的规劝时说“睿音往矣,谁箴余阙”,真是哀感心脾。由于本文是一篇哀诗之文，以直抒心情为主，所以行文虽字斟句酌，却不流于浮艳，却又显出一种苍劲古朴的特色，文气直追汉晋，在南北朝尤为罕见。

鲍　照(414—466)

字明远，东海(今山东郯城一带)人。南朝宋文学家。出身寒微，曾入宋临川王刘义庆幕，任临川国侍郎，后又入始兴王刘濬幕，任国侍郎。宋孝武帝时，任中书舍人、秣陵令等职，后为临海王刘子顼前军参军。孝武帝死，子子业立，明帝刘彧杀之自立。子顼与晋安王子勋等起兵，军败，鲍照为乱兵所杀。鲍照善诗，尤长古乐府，以遒丽称，其《拟行路难》十八首，最为传诵。辞赋以《芜城赋》《舞鹤赋》为著。鲍照骈文亦六朝一大家，《登大雷岸与妹书》可为代表作。有《鲍参军集》。

芜城赋

㳽迤平原，①南驰苍梧涨海，②北走紫塞雁门。③柂以漕渠，④轴以昆冈，⑤重江复关之隩，四会五达之庄。当昔全盛之时，车挂轊，人驾肩，廛闬扑地，⑥歌吹沸天，孳货盐田，铲利铜山，才力雄富，士马精妍。故能奓秦法，佚周令，划崇墉，刳濬洫，图修世以休命。是以版筑雉堞之殷，井干烽橹之勤，格高五岳，袤广三坟，⑦崪若断岸，矗似长云，制磁石以御冲，糊赪壤以飞文。⑧观基扃之固护，将万祀而一君。出入三代，⑨五百余载，竟瓜剖而豆分。泽葵依井，荒葛罥涂。⑩坛罗虺蜮，⑪阶斗麏鼯。木魅山鬼，野鼠城狐，风嗥雨啸，昏见晨趋。饥鹰厉吻，寒鸱吓雏。[12]伏虣藏虎，乳血飧肤。[13]崩榛塞路，峥嵘古馗。[14]白杨早落，塞草前衰。棱棱霜气，蔌蔌风威。孤蓬自振，惊沙坐飞。灌莽杳而无际，丛薄纷其相依。通池既已夷，峻隅又已颓，直视千里外，唯见起黄埃。凝思寂听，心伤已摧。若夫藻扃黼帐，[15]歌堂舞阁之基，璿渊碧树，[16]弋林钓渚之馆，吴蔡齐秦之声，鱼龙爵马之玩，皆熏歇烬灭，光沈响绝。东都妙姬，南国丽人，蕙心纨质，玉貌绛唇，莫不埋魂幽石，委骨穷尘。岂忆同舆之愉乐，离宫之苦辛哉。天道如何，吞恨者多。抽琴命操，为芜城之歌。歌曰：边风急兮城上寒，井径灭兮丘陇残。千龄兮万代，共尽兮何言。

【注释】

①溮迤（mǐ yí）：形容地势相连渐平而又趋倾斜之貌。②苍梧：今广西一带。涨海：指中国南部海域。　③紫塞：据崔豹《古今注》，秦所筑长城土色皆紫，汉塞亦然，故称紫塞。④柂：引也。此处作水运解。漕渠：运河。　⑤昆冈：广陵山名，此言以昆冈山为陆运枢纽。　⑥廛闬：民居。　⑦三坟：未详。一说兖州土黑坟，青州土白坟，徐州土赤埴坟，此三州与扬州接。　⑧磁石：同磁石。冲：突击。赪壤：赤色土壤。飞文：彩纹。　⑨三代：广陵为汉吴王刘濞所建，历汉魏晋至宋，故言三代。　⑩罥（juàn）：蔓生貌。　⑪蜮：同蜮，传说中短狐，能射影害人。　⑫寒鸱吓雏：典出《庄子·秋水篇》："鸱得腐鼠，鹓雏过之，仰而视之曰吓。"　⑬虣：同暴。一说当作虦（hán），白虎。乳血飧皮：犹言饮血食肉。　⑭古馗（kuí）：大道。　⑮藻扃：藻饰之门。黼帐：绣帐。　⑯璿渊碧树：玉池与玉树，极言其装饰华丽。

【品评】

《芜城赋》是鲍照辞赋的代表作。关于这篇赋的写作动机，历来有几种说法，《文选》五臣注认为是借汉代吴王濞的史事，规劝刘子顼不要造反。此说已被多数研究者所否定。清人何焯认为是凭吊宋孝武帝平竟陵王刘诞之乱后广陵残破之事，其实鲍照在刘诞之乱后不久，就去荆州。在他去荆州前，正是宋孝武帝余怒未息之时，鲍照和刘诞并无关系，无故作赋表示哀悼，显然要触犯孝武帝而遭杀身之祸。因此《文选》李善注说是登广陵故城作，恐怕较合于情理。

《芜城赋》的主要成就在于竭力渲染汉时广陵的繁华及后来的荒废，形成鲜明的对比。尤其是"观基扃之固护，将万祀而一君。出入三代，五百余载，竟瓜剖而豆分"几句，粉碎了统治者长治久安的幻想。

这篇赋中体现了鲍照诗赋奇险的特色，如写广陵残破景象时，使用了"木魅山鬼，野鼠城狐，风嗥雨啸，昏见晨趋"四句，把现实存在的和不存在的东西融于一幅图画中，更显得阴森恐怖，如同目睹。"饥鹰厉吻"句，从一个简单的动作中表现了鸷鸟的凶残。特别是"孤蓬自振，惊沙坐飞"两句，设想新奇，最能体现鲍照的特点。清人刘熙载《艺概》认为可以用这两句来概括鲍照的创作风格。这种评价是很有见地的。

登大雷岸与妹书[1]

吾自发寒雨，全行日少。加秋潦浩汗，山溪猥至，渡溯无边，险径游历，栈石星饭，结荷水宿。[2]旅客贫辛，波路壮阔。始以今日食时，仅及大雷。涂登千里，日逾十晨。严霜惨节，悲风断肌，去亲为客，如何如何。向因涉顿，凭观川陆，遨神清渚，流睇方曛。③东顾五洲之隔，西眺九派之分，④窥地门之绝景，⑤望天际之孤云，长图大念，隐心者久矣。南则积山万状，争气负高。含霞饮景，参差代雄，凌跨长陇，前后相属，带天有匝，横地无穷。⑥东则砥原远隰，亡端靡际，寒蓬夕卷，古树云平，旋风四起，思鸟群归，静听无闻，极视不见。北则陂池潜演，⑦湖脉通连，苎蒿攸积，菰芦所繁，栖波之鸟，水化之虫，智吞愚，强捕小，号噪惊聒，纷牣其中。西则回江永指，长波天合，滔滔何穷，漫漫安竭，创古迄今，舳舻相接。思尽波涛，悲满潭壑，烟归八表，终为野尘，而是注集，长写不测，修灵浩荡，知其何故哉。西南望庐山，又特惊异，基献江潮，⑧峰与辰汉连接。上常积云霞，雕锦缛。若华夕曜，⑨严泽气通，⑩传明散彩，赫似绛天。⑪左右青霭，表里紫霄。⑫从岭而上，气尽金光，半山以下，纯为黛色。信可以神居帝郊，镇控湘汉者也。若潨洞所积，⑬溪壑所射，鼓怒之所豗击，涌澓之所宕涤，⑭则上穷荻浦，下至狶洲，⑮南薄燕爪，北极雷淀，⑯削长埤短，可数百里。其中腾波触天，高浪灌日，吞吐百川，写泄万壑。轻烟不流，华鼎振涾，⑰弱草朱靡，⑱洪涟陇蹙，⑲散涣长惊，电透箭疾，穹溘崩聚，⑳坻飞岭覆，㉑回沫冠山，奔涛空谷。碪石为之摧碎，㉒碕岸为之齑落。㉓仰视大火，㉔俯听波声，愁魄胁息，心惊慓矣。㉕至于繁化殊育，诡质怪章，则有江鹅海鸭，鱼鲛水虎之类，豚首象鼻，芒须针尾之族，石蟹土蚌，燕箕雀蛤之俦，拆甲曲牙，逆鳞反舌之属㉖，掩沙涨，被草渚，浴雨排风，吹涝弄翮。夕景欲沈，晓雾将合，孤鹤寒啸，游鸿远吟，樵苏一叹，舟子再泣，诚足悲忧，不可说也。风吹雷飙，夜戒前路，下弦内外，望达所届。寒暑难适，汝专自慎。夙夜戒护，勿我为念。恐欲知之，聊书所睹。临涂草蹙，辞意不周。

【注释】

①《登大雷岸与妹书》：此文为宋文帝元嘉十六年（439）秋，鲍照赴江州任临川国侍郎时于途中所作。大雷在今安徽望江县境。“妹”即鲍令晖，南朝宋女诗人。　②栈石星饭：言夜间进食于栈道间。结荷水宿：言夜宿水滨。　③方曛：日暮。④五洲：旧说以为在轪县（今湖北浠水），疑非。钱仲联先生以为指五湖，是。九派：据《浔阳记》，江至九江，有九水注之，故称九派。　⑤地门：《河图括地象》曰：“武关山为地门，上与天齐。”　⑥“带天”二句：喻山势环抱，连绵不绝。　⑦潜演：钱仲联先生引《说文》“濥，水脉行地中濥濥也”，以为“演”当作“濥”，指伏流之水。　⑧基畝江潮：一本作“基压江潮”，指庐山枕大江之畔，山底压江潮也。　⑨若华：《山海经·大荒北经》载，日入处有若木。《楚辞·天问》：“若华何光。”此处代指夕照。⑩岩泽气通：指山岩及水泽之气上腾成云雾之状。　⑪赫：火赤貌。绛：深赤色。　⑫霭：云气。霄：云也。　⑬潀：小水入大水也。　⑭陻：撞击。澓：水回流。　⑮狶（xī）：豕也。狶洲，指野猪出没之地。　B16　𠂢：水之邪流别也。淀：冲积之地。燕𠂢、雷淀疑皆地名。　⑰华鼎振涾：谓湖水浪花翻腾，似水之沸鼎中。　⑱弱草朱靡：钱仲联先生释“朱”为干，言草为水所掩，枝干披靡。　⑲洪涟陇蹙：喻大波相逐和群山相凑。⑳穹溘：大浪也。　㉑坻：小渚也。　㉒碪：同砧，捣衣石。㉓碕：曲岸。齏：同虀（jī），粉碎也。　㉔大火：星名，秋日之星。B25　胁息：缩气。慓：急。　㉖拆甲：鳖也。曲牙：未详。逆鳞：指龙。反舌：虾蟆。

【品评】

这篇《登大雷岸与妹书》，在六朝人书信中颇具特色。六朝人的书信，凡是写给地位较尊贵和一般朋友的信，大抵用较华丽的骈文，至于家信，则多用接近口语的文学。唯独此文遣辞古奥，文气雄浑，在骈俪中带着汉赋的清刚之气。文中描写旅途所见种种奇景，极为生动。如关于庐山的一描写，特别抓住了它在傍晚种种景色："若华夕曜，岩泽气通，传明散彩，赫似绛天。"这是一幅多么令人神往的夕照图。至于写到山本身，则"从岭而上，气尽金光，半山以下，纯为黛色"，有明有暗，与红色的夕照相辉映，形成了色彩缤纷的画面。从来诗人写庐山之作很多，就是鲍照本人，也有诗写到庐山，但能这样用较少的字数，渲染出它的壮丽景色的，却不多见。文中写到庐山一带江面的景色，则显然吸取了汉代大赋的手法，如："南则""东则""西则"，每一个方向，都各有不同的事物，铺张扬厉，而丝毫不陷于板滞。这段描写，基本上用四字句，文气高古，在六朝骈文中独树一帜。特别应该指出的是这篇文章在写景时，往往与抒情相紧密地结合。如写到"栖波之鸟，水化之虫，智吞愚，强捕小，号噪惊聒，纷牣其中"几句，虽然是写水中的虫鸟，显然也隐喻着当时的社会现实。至于他看到无穷的江水，来往的船只，而想到"思尽波涛，悲满潭壑，烟归八表，终为野尘"一段，实际上是有感于人生的无常和山川的永久，给人以很深的感染力。末段既为写景，又属抒情，更给人以深刻的回味。因此这封信历来为读者所诵。

孔稚珪(447—501)

字德璋,会稽山阴(今浙江绍兴)人。仕宋为尚书殿中郎,萧道成执政,以为记室参军,后为中书郎、尚书左丞,父忧去官。齐永明中,转骁骑将军,复为尚书左丞。迁黄门郎、太子中庶子、廷尉诸职。转御史中丞,出为南郡太守。齐东昏侯永元中,为都官尚书,迁太子詹事,加散骑常侍,卒。明人辑有《孔詹事集》。

北山移文[①]

钟山之英,草堂之灵,驰烟驿路,勒移山庭。[②]夫以耿介拔俗之标,萧洒出尘之想,度白雪以方絜,干青云而直上,吾方知之矣。若其亭亭物表,皎皎霞外,[③]芥千金而不眄,屣万乘其如脱,[④]闻凤吹于洛浦,[⑤]值薪歌于延濑,[⑥]固亦有焉。岂期终始参差,苍黄翻覆。泪翟子之悲,恸朱公之哭。[⑦]乍回迹以心染,或先贞而后黩,何其谬哉。呜呼!尚生不存,仲氏既往,[⑧]山阿寂寥,千载谁赏。世有周子,[⑨]俊俗之士,既文既博,亦元亦史。然而学遁东鲁,[⑩]习隐南郭,[⑪]偶吹草堂,滥巾北岳,诱我松桂,欺我云壑。虽假容于江皋,乃缨情于好爵。其始至也,将欲排巢父,拉许由,[⑫]傲百氏,蔑王侯。风情张日,霜气横秋。或叹幽人长往,或怨王孙不游。谈空空于释部,核玄玄于道流,[⑬]务光何足比,涓子不能俦。[⑭]及其鸣驺入谷,鹤书赴陇,[15]形驰魄散,志变神动。尔乃眉轩席次,袂耸筵上,焚芰制而裂荷衣,[16]抗尘容而走俗状。风云凄其带愤石泉咽而下怆。望林峦而有失,顾草木而如丧。至其钮金章,绾墨绶,[17]跨属城之雄,冠百里之首。张英风于海甸,驰妙誉于浙右。[18]道帙长摈,法筵久埋。敲扑喧嚣犯其虑,牒诉倥偬装其怀。[19]《琴歌》既断,《酒赋》无续,常绸缪于结课,每纷纭于折狱。笼张赵于往图,[20]架卓鲁于前箓。[21]希踪三辅豪,驰声九州牧。使我高霞孤映,明月独举,青松落阴,白云谁侣。涧户摧绝无与归,石径荒凉徒延伫。至于还飙入幕,写雾出楹,蕙帐空兮夜鹤怨,山人去兮晓猿惊。昔闻投簪逸海岸,今见解兰缚尘缨。于是南岳献嘲,北陇腾笑,列壑争讥,攒峰竦诮。慨游子之我欺,悲无人以赴吊。故其林惭无尽,涧愧不歇,秋桂遣风,春萝罢月。骋西山之逸议,[22]驰东皋之素谒。[23]今又促装下邑,浪拽上京,虽情殷于魏阙,[24]或假步于山扃。岂可使芳杜厚颜,薜荔蒙耻,碧岭再辱,丹崖重滓,尘游躅于蕙路,污渌池以洗耳。[25]宜扃岫幌,掩云关,敛轻雾,藏鸣湍,截来辕于谷口,杜妄辔于郊端。于是丛条瞋胆,叠颖怒魄。[26]或飞柯以折轮,乍低枝而扫迹,请回俗士驾,为君谢逋客。

【注释】

①北山:指钟山,在建康(今南京市)东北。移文:告示式文体之一种。此文《文选》五臣注以为讥周颙任海盐令,后还都,将重游钟山,孔稚珪为作此文。然稽之史籍,周颙未尝为海盐令,又孔稚珪与周颙为友,疑属游戏文字,非真讥弹也。

②"钟山"四句:假托山灵奔走勒文于山庭,以拒"周子"之至。

③亭亭：耸立貌。物表：物外。皎皎：洁白貌。 ④“屣万乘”句：屣，鞋也。用《吕氏春秋·观表篇》“视舍天下若舍屣”典故。⑤“闻凤吹”句：用《列仙传》王子乔好吹笙，作凤鸣，游伊雒之间典故。 ⑥“值薪歌”句：据《文选》五臣吕向注，苏门先生游于延濑，见隐者采薪，问之，隐者为作歌二章而去。 ⑦翟子：墨翟。朱公：杨朱。用《淮南子·说林篇》扬子哭歧路，墨子悲练丝典故。 ⑧尚生：指东汉尚子平，一作“向长”，《高士传》作“尚”，字子平，隐居不仕，见《后汉书·逸民传》。仲氏：指东汉仲长统，“每州郡命辟，辄称疾不就”，见《后汉书》本传。 ⑨周子：指周颙，字彦伦，汝南人，南齐时官至国子博士。 ⑩学遁东鲁：指《庄子·让王篇》载鲁君聘颜阖，颜阖逃之。 ⑪习隐南郭：用《庄子·齐物论》所载隐士南郭子綦典故。 ⑫巢父：尧时隐士，见《汉书·古今人表》及《高士传》。许由：古时隐士。《庄子·逍遥游》有尧让天下与许由，许由不受故事。 ⑬“谈空空”二句：言周子之谈释典及老庄。 ⑭务光：夏时高士，见《列仙传》。涓子：齐人，好服食求仙，见《列仙传》。 ⑮鹤书：指鹤头书，诏板所用，见萧子良《古今篆隶文体》。 ⑯芰制、荷衣：见《楚辞·离骚》“制芰荷以为衣”，指隐者所服。 ⑰金章：指官印。墨绶：印上绶带。 ⑱浙右：浙江之西，泛指吴地。⑲倥偬：急迫之状。 ⑳张赵：指西汉张敞、赵广汉，皆良吏。㉑卓鲁：指东汉良吏卓茂、鲁恭。 ㉒西山：指周初高士伯夷隐于首阳山。 ㉓东皋：代指草野。阮籍《奏记》曰，将耕东皋之阳。 ㉔魏阙：本指宫前门楼，此代指朝廷。 ㉕“污渌池”句：用皇甫谧《高士传》“巢父闻许由为尧所让也，以为污，乃临池而洗耳”典故。渌池，清池。 ㉖叠颖：众草木。颖，毫芒也。

【品评】

“移文”这种文体，本是一种公告式的文字。《文心雕龙·檄移》：“移者易也，移风易俗，令往而民随者也。”但这篇文章，不过是游戏文字，所以一开始就说“钟山之英，草堂之灵，驰烟驿路，勒移山庭”，完全借用山神和草堂之神的口吻来说话。正因为如此，文中对大自然中许多事物，都赋予了拟人化的描写：“丛条瞋胆，叠颖怒魄，或飞柯以折轮，乍低枝而扫迹。”尤其为人们所称赏的是“使我高霞孤映，明月独举，青松落阴，白云谁侣”四句，既是生动的写景，又是用拟人化的手法抒情，所以宋代大文学家王安石特别喜爱这几句，以为奇绝。本文的写作动机，过去有人说是讥讽周颙，据《文选》李善注，文中所说的“世有周子”，指的是周颙，这大约是有根据的。当然，像“五臣注”说什么周颙任海盐令则未必可信。从现有的材料看来，孔稚珪和周颙是朋友，他写此文的动机可能出于嘲戏的目的。不过在六朝的隐士中，外表清高，实际上借此求官者，并不在少数。在当时，“眉轩席次，袂耸筵上，焚芰制而裂荷衣，抗尘容而走俗状”的人，大约不在少数。所以这篇文章已远远超出朋友间游戏之作的意义，而具有了刺世砭时之作用。

江　淹(444—505)

字文通，济阳考城(今河南兰考)人。南朝文学家，历宋齐梁三代。宋孝武帝大明中，以五经授始安王刘子真，后为南徐州新安王从事。宋明帝时，入建平王刘景素幕，随从景素之湘州、荆州、南徐州。后废帝时，刘景素有取代帝位之密谋。江淹屡谏，触刘之怒，遂谪为建安吴兴令。萧道成执政，为萧道成参军，遂为萧心腹。及萧代宋自立，为中书侍郎，历尚书左丞、御史中丞、宣城太守、秘书监、卫尉卿。梁武帝起兵，江淹改服投奔，入梁，为散骑常侍，左卫将军，迁金紫光禄大夫，封醴陵伯，卒。有《江文通集》。

别　赋

黯然销魂者，唯别而已矣。况秦吴兮绝国，复燕宋兮千里。或春苔兮始生，乍秋风暂起。是以行子肠断，百感凄恻。风萧萧而异响，云漫漫而奇色。舟凝滞于水滨，车逶迤于山侧。棹容与而讵前，马寒鸣而不息。掩金觞而谁御，横玉柱而沾轼。[①]人愁卧，恍若有亡。日下壁而沉彩，月上轩而飞光。见红兰之受露，望青楸之离霜。巡层楹而空掩，抚锦幕以虚凉。知离梦之踯躅，意别魂之飞扬。故别虽一绪，事乃万族。至若龙马银鞍，朱轩绣轴。帐饮东都，[②]送客金谷。[③]琴羽张兮箫鼓陈，燕赵歌兮伤美人。珠与玉兮艳暮秋，罗与绮兮娇上春。

惊驷马之仰秣，[4]耸渊鱼之赤鳞。造分手而衔涕，咸寂寞而伤神。乃有剑客惭恩，少年报士。[5]韩国赵厕，[6]吴宫燕市。[7]割慈忍爱，离邦去里。沥泣共诀，抆血相视。驱征马而不顾，见行尘之时起。方衔感于一剑，非买价于泉里。[8]金石震而色变，骨肉悲而心死。或乃边郡未和，负羽从军。[9]辽水无极，雁山参云，闺中风暖，陌上草薰。日出天而曜景，露下地而腾文。镜朱尘之照烂，[10]袭青气之烟煴。攀桃李兮不忍别，送爱子兮沾罗裙。至如一赴绝国，讵相见期。视乔木兮故里，诀北梁兮永辞。左右兮魂动，亲宾兮泪滋。可斑荆兮增恨，惟樽酒兮叙悲。值秋雁兮飞日，当白露兮下时。怨复怨兮远山曲，去复去兮长河湄。[11]又若君居淄右，妾家河阳。[12]同琼佩之晨照，共金炉之夕香。君结绶兮千里，惜瑶草之徒芳。暂幽闺之琴瑟，晦高台之流黄。[13]春宫閟此青苔色，[14]秋帐含兹明月光；夏簟青兮昼不暮，冬釭凝兮夜何长？织锦曲兮泣已尽，回文诗兮影独伤。[15]傥有华阴上士，服食还仙。术既妙而犹学，道已寂而未传。守丹灶而不顾，炼金鼎而方坚。驾鹤上汉，骖鸾腾天。暂游万里，少别千年。惟世间兮重别，谢主人兮依然。下有芍药之诗，佳人之歌；[16]桑中卫女，上宫陈娥。[17]春草碧色，春水渌波。送君南浦，伤如之何！至乃秋露如珠，秋月如珪。明月白露，光阴往来。与子之别，思心徘徊。是以别方不定，别理千名。有别必怨，有怨必盈。使人意夺神骇，心折骨惊。[18]虽渊、云之墨妙，严、乐之笔精；[19]金闺之诸彦，兰台之群英；[20]赋有凌云之称，[21]辩有雕龙之声，[22]讵能摹暂离之状，写永诀之情者乎？

【注释】

①玉柱：指琴瑟之柱，此处代指琴瑟。轼：车中横木。 ②东都：指长安东都门。汉疏广及兄子受辞官归乡，公卿大夫等为设祖道供帐于东都门。见《汉书·疏广传》。 ③金谷：晋石崇有别庐在河南县金谷涧中，崇曾在此饮饯友人。 ④驷马仰秣：典出《荀子·劝学篇》："昔者瓠巴鼓瑟而沈鱼出听，伯牙鼓琴而六马仰秣。" ⑤剑客惭恩、少年报士：剑客暗用聂政感严仲子恩，刺侠累故事；"少年"典出《史记·游侠列传》，"郭解以躯藉友报仇，少年慕其行，亦辄为报仇"。 ⑥韩国赵厕："韩国"指聂政刺杀侠累于韩；"赵厕"指豫让伏于厕谋刺赵襄子事。 ⑦吴宫燕市："吴宫"指专诸刺王僚故事；"燕市"指荆轲曾与高渐离饮于燕市。 ⑧方衔感于一剑，非买价于泉里：言衔恩感遇，以一剑报于知己，非以死求成名也。 ⑨羽：指箭。 ⑩镜：喻其明亮。朱尘：红尘。照烂：喻光耀。 ⑪湄：水草交际之处，水之岸也。 ⑫淄右：指淄水以西之地，当在今山东淄博一带。河阳：指今河南省孟州、温县一带。 ⑬流黄：黄色丝织物，指帷帐等物。 ⑭閟(bì)：闭门。 ⑮织锦曲兮泣已尽，回文诗兮影独伤：用前秦窦韬妻苏蕙制《织锦回文诗》寄夫典故。 ⑯芍药之诗：用《诗经·郑风·溱洧》"维士与女，伊其相谑，赠之以芍药"典故。佳人之歌：用李延年作歌"北方有佳人"典故。 ⑰桑中卫女：用《诗经·风·桑中》典故。上宫陈娥："上宫"见《诗经·桑中》："要我乎上宫。"陈娥，借用《诗经·风·燕燕》典故，《毛传》以为是卫庄姜送陈女戴妫归陈作。 ⑱心折骨惊：此句本当为"骨折心惊"，江淹特倒装以求新奇。 ⑲渊云：指汉王褒字子渊，扬雄字子云。严乐：指西汉人严安、徐乐。 ⑳金闺：指西汉宫廷之金马门。兰台：东汉台名，明帝好文人，皆征集于兰台。 ㉑凌云：用司马相如奏《大人赋》，汉武帝大悦，飘飘有凌云之气典故。 ㉒雕龙之声：据《文选》李善注引刘向《别录》："邹奭修邹衍之术文饰之，若雕镂龙文，故曰雕龙奭。"

【品评】

江淹这篇赋以善于描写人们的各种不同的离情别绪著名。赋一开头，就以“黯然销魂者，唯别而已矣”一句揭领全文，起着总摄全篇的作用。接着对“居人”“行子”各自的心情作了描写，再分写离别之情在各种不同身份的人身上的不同表现。如富贵者之别，游侠之别，从军者之别，远赴绝域者之别，夫妇之别，游仙者之别和情人之别等等。他们虽然都为离别而伤感，但表现出各自的不同。如侠客之别写得十分悲壮，叫人想起了《史记·刺客列传》中许多动人的情节。夫妇之别，特别着重妇女的愁苦之情。“春宫闷此青苔色，秋帐含兹明月光”，简短的十四字，把思妇长期的痛苦，写得十分形象。游仙者之别中的情节，显然受了鲍照《代升天行》的影响，显得颇为超脱。其中最深入人心的，也许就是写情人之别中的“春草碧色，春水渌波，送君南浦，伤如之何”和“秋露如珠，明月白露，光阴往来，与子之别思心徘徊”这几句。这种写法，字句整齐，音节和谐而又能深刻地融情于景，成为千古传诵的名句。赋中有许多句子，都能通过写景及某些动作刻画心理，如“日下壁而沉彩，月上轩而飞光，见红兰之受露，望青楸之离霜，巡层楹而空揜，抚锦幕而虚凉”。清人许梿评曰：“夕阳之凄，月色之苦，痴心梦想，居人往往有此。”(《六朝文絜》)像这样细致地描写离别之苦的笔墨，确是动人心魄，是一篇不可多得的抒情之作。

丘　迟(464—508)

字希范，吴兴乌程(今浙江吴兴)人。南朝梁文学家。父灵鞠，南齐文学家。丘迟八岁能文，有才名。仕齐，为殿中郎。入梁，历任中书侍郎、永嘉太守、司空从事中郎诸职。梁武帝天监四年(505)，临川王萧宏率军伐北魏，使其作书招降降魏之梁将陈伯之。丘迟遂作《与陈伯之书》，陈伯之见书，遂复归梁。此书为六朝骈文名作。丘迟亦工诗，其诗存者不多，以《旦发渔浦潭》为最著。明人辑有《丘司空集》。

与陈伯之书

迟顿首陈将军足下：无恙，幸甚幸甚。将军勇冠三军，才为世出，弃燕雀之小志，慕鸿鹄以高翔。[1]昔因机变，遭遇明主，立功立事，开国称孤，朱轮华毂，拥旄万里，何其壮也。[2]如何一旦为奔亡之虏，闻鸣镝而股战，对穹庐以屈膝，又何劣邪。寻君去就之际，非有他故，直以不能内审诸己，外受流言，沉迷猖獗，[3]以至于此。圣朝赦罪责功，弃瑕录用，推赤心于天下，安反侧于万物，将军之所知，不假仆一二谈也。朱鲔涉血于友于，张绣剚刃于爱子，汉主不以为疑，魏君待之若旧。[4]况将军无昔人之罪，而勋重于当世。夫迷途知返，往哲是与；不远而复，先典攸高。主上屈法申恩，吞舟是漏。将军松柏不翦，[5]亲戚安居，高台未倾，[6]爱妾尚在，悠悠尔心，亦何可言。今功臣名将，雁行有序。佩紫怀黄，赞帷幄之谋；[7]乘轺建节，奉疆埸之任。[8]并刑马作誓，传之子孙。将军独靦颜借命，驱驰毡裘之长，宁不哀哉。夫以慕容超之强，身送东市；[9]姚泓之盛，[10]面缚西都。故知霜露所均，不育异类；姬汉旧邦，无取杂种。北虏僭盗中原，多历年所，恶积祸盈，理至焦烂。况伪孽昏狡，自相夷戮，[11]部落携离，酋豪猜贰。方当系颈蛮邸，悬首藁街，[12]而将军鱼游于沸鼎之中，燕巢于飞幕之上，不亦惑乎。暮春三月，江南草长，杂花生树，群莺乱飞。见故国之旗鼓，感平生于畴日，抚弦登陴，岂不怆悢。[13]所以廉公之思赵将，吴子之泣西河，[14]人之情也，将军独无情哉。想早励良规，自求多福。当今皇帝盛明，天下安乐。白环西献，楛矢东来；[15]夜郎滇池，解辫请职；朝鲜昌海，蹶角受化。[16]唯北狄野心，掘强沙塞之间，欲延岁月之命耳。中军临川殿下，[17]明德茂亲，总兹戎重，吊民洛汭，伐罪秦中。若遂不改，方思仆言。聊布往怀，君其详之。丘迟顿首。

【注释】

①“弃燕雀”二句：用《史记·陈涉世家》“燕雀安知鸿鹄之志哉”典故。　②“昔因”以下七句：指陈伯之当梁武帝起兵时，曾降梁，以功封丰城县开国公。朱轮华毂：显贵所乘之车。毂(gǔ)，车轮中心之木。拥旄：言身为将帅，独当方面。　③猖獗：言其狂乱失常。　④朱鲔：本更始帝将，谋害光武帝兄刘缜，后为更始守洛阳，光武帝攻之，朱鲔降，光武帝赦其罪。张绣：张绣曾杀魏武帝曹操子曹昂，后张绣降，曹操纳之，并封为

列侯。　⑤松柏不翦：指祖坟未遭破坏。　⑥高台未倾：指旧居保存一如往日。　⑦佩紫怀黄：指佩紫绶怀金印。帷幄：本指室中帐幕，此代指朝廷机密。　⑧轺（yáo）：使者所乘之车。埸（yì）：界也。　⑨慕容超：南燕末主，为刘裕所俘，斩于建康。⑩姚泓：后秦末主，为刘裕所平，自缚于长安请降。　⑪伪孽（同"孽"）：指魏宣武帝拓跋恪。自相夷戮：指当时北魏统治者内部争权，如咸阳王禧之谋反被杀等。　⑫藁街：西汉长安地名，当时为各少数民族及外国人聚居之地。　⑬怆悢（liàng）：悲伤。　⑭廉公：指战国时赵将廉颇，遇谗出奔，仍思用赵兵，见《史记·廉颇列传》。吴子：指战国吴起为魏西河守，被谗召回，吴起泣曰："西河之为秦不久矣。"见《史记·吴起列传》。⑮白环东来：用《竹书纪年》西王母献白玉环于舜典故。楛矢东来：用《孔子家语》载周武王时，肃慎氏贡楛矢石砮典故。⑯昌海：即蒲昌海，在今新疆维吾尔族自治区。蹶角：叩首。⑰中军临川殿下：指梁临川王萧宏，时为北伐主将。

【品评】

陈伯之本南齐将领，梁武帝起兵时，他据江州以拒梁军，后归降梁武帝，不久又叛降北魏。萧宏出兵北伐时，陈伯之正在寿阳，见到丘迟的信后，就率军八千人归梁。陈伯之和梁朝既有这些关系，他开始时的降梁以至后来的投魏，都是统治阶级内部争权夺利的结果。丘迟在这封信中自然不便直说他投魏的原因，只是强调他和梁朝的矛盾只是因为流言之故，一时"沉迷猖獗"。文中强调的是他曾经立过的功劳。特别是引证历史上朱鲔、张绣两个事例，说明过去的事情，都可不计，并用"将军松柏不翦，亲戚安居，高台不倾，爱妾尚在"来证明梁朝对他的宽大以及招降的诚意。特别是"暮春三月，江南草长，杂花生树，群莺乱飞"几句，形象地描写了江南春光，动之以思乡之情。这段文字，遂成历来传诵的名句。这篇文章既有说理，又有抒情，自是书信中的佳作。但信中对北魏的民族歧视也很突出，这是当时历史条件下的产物，不必用我们今天的目光加以苛责。

吴 均(469—519)

字叔庠,吴兴故鄣(今浙江安吉)人。南朝梁文学家。家世贫贱,曾作《齐春秋》,以梁武帝为齐明帝佐命之臣,因此得罪。吴均文清拔有古气,时人多效之。所著有小说《续齐谐记》,又明人辑有《吴朝请集》。

与朱元思书[①]

风烟俱净,天山共色。从流飘荡,任意东西。自富阳至桐庐,一百许里,奇山异水,天下独绝。水皆漂碧,[②]千丈见底,游鱼细石,直视无碍。急湍甚箭,猛浪若奔。夹岸高山,皆生寒树,[③]负势竞上,互相轩邈,争高直指,千百成峰。泉水激石,泠泠作响;[④]好鸟相鸣,嘤嘤成韵。蝉则千转不穷,猿则百叫无绝。鸢飞戾天者,[⑤]望峰息心;经纶世务者,窥谷忘反。横柯上蔽,[⑥]在昼犹昏;疏条交映,有时见日。

【注释】

①朱元思:生平不详。清黎经诰《六朝文絜笺注》据《艺文类聚》卷三十七有刘峻《与宋玉山元思书》,遂改“朱”作“宋”。按:宋元思、朱元思是否一人?《艺文类聚》卷七作“朱”,卷三十七作“宋”,亦未知孰误。不可凭孤证臆改。 ②漂碧:一本作“缥碧”,青白色。 ③寒树:指耐寒树木如松柏之类。 ④泠

泠：指水声清越。 ⑤鸢飞戾天：语出《诗经·大雅·旱麓》。喻意在高位者。 ⑥柯：树木枝干。

【品评】

此文选自《艺文类聚》卷七，类书引文常常有删节，这段文字，恐怕已经不是本来的全文了。吴均类似的书信，一共有三篇，都是笔调轻清，全不雕琢而自然工巧。与《水经注》中写景文字南北相辉，成为后来写景之作的杰出典范。这篇写的是富春江的景色。吴均是吴兴故鄣（今浙江安吉）人，家乡距此不远。富春江的景色，历来号称奇绝，吴均对此颇为熟悉，因此信中以极简括的文字，描写了种种不同的景象。这里的山"争高直指，千百成峰"，水则有时清澈见底，"游鱼细石，直视无碍"；有时又"急湍若箭，猛浪若奔"。行文清淡平易，毫无浮艳之辞而自然动人。所以前人评此文为"费长房缩地法，促长篇为短篇"。

刘　峻(462—521)

字孝标,平原(今山东邹平东南)人。南朝梁文学家。刘峻出生后不久,即由母携还故乡,宋明帝泰始初(465—466),其家乡落入北魏,他被掠卖到桑乾。齐武帝永明中(483—493)得还南方。梁武帝天监时,与学士贺踪典校秘书,后至荆州为安成王萧秀户曹参军,编撰《类苑》,未成,以疾去职,居东阳紫岩山。梁武帝招文学之士,刘峻以率性而行,不被任用,卒。

广绝交论

客问主人曰:"朱公叔《绝交论》,[①]为是乎?为非乎?"主人曰:"客奚此之问?"客曰:"夫草虫鸣则阜螽跃,雕虎啸而清风起。故絪缊相感,雾涌云蒸;嘤鸣相召,星流电激。是以王阳登则贡公喜,[②]罕生逝而国子悲。[③]且心同琴瑟,言郁郁於兰茝,[④]道叶胶漆,志婉于埙篪,[⑤]圣贤以此镂金版而镌盘盂,书玉牒而刻钟鼎。若匠人辍成风之妙巧,[⑥]伯子息流波之雅引。[⑦]范、张款款于下泉,[⑧]尹、班陶陶于永夕。[⑨]骆驿纵横,烟霏雨散,皆巧历所不知,心计莫能测。[⑩]而朱益州汩彝叙。[⑪]越谟训,捶直切,绝交游,视黔首以鹰鹯,媲人伦于豺虎。[⑫]蒙有猜焉,请辨其惑。"

主人听然曰[⑬]:"客所谓抚弦徽音,未达燥湿变响;张罗沮泽，不睹鹄雁高飞。盖圣人握金镜，阐风烈，⑭龙骧蠖屈，从道污隆。⑮日月联璧，叹亹亹之弘致；云飞电薄，显棣华之微旨。⑯若五音之变化，济九成之妙曲。此朱生得玄珠于赤水，谟神睿而为言。⑰至夫组织仁义，琢磨道德，驩其愉乐，恤其陵夷。寄通灵台之下，遗迹江湖之上，⑱风雨急而不辍其音，霜雪零而不渝其色，斯贤达之素交，历万古而一遇。逮叔世民讹，狙诈飙起，⑲溪谷不能逾其险，鬼神无以究其变，竞毛羽之轻，趋锥刀之末。于是素交尽，利交兴，天下蚩蚩，鸟惊雷骇。⑳然利交同源，派流则异，较言其略，有五术焉：

"若其宠钧董、石，权压梁、窦。㉑雕刻百工，炉锤万物，㉒吐漱兴云雨，呼吸下霜露。域耸其风尘，四海叠其熏灼。靡不望影星奔，藉响川鹜，㉓鸡人始唱，鹤盖成阴，高门旦开，流水接轸。皆愿摩顶至踵，隳胆抽肠，约同要离焚妻子，誓徇荆卿湛七族。㉔是曰势交，其流一也。

"富埒陶、白，赀巨程、罗，㉕山擅铜陵，家藏金穴，山平原而联骑，居里闬而鸣钟。则有穷巷之宾，绳枢之士，㉖冀宵烛之末光，邀润屋之微泽，鱼贯凫踊，飒沓鳞萃，分雁鹜之稻粱，沾玉斝之余沥。㉗衔恩遇，进款诚，援青松以示心，指白水而旌信。是曰贿交，其流二也。

"陆大夫燕喜西都，㉘郭有道人伦东国，㉙公卿贵其籍甚，搢绅羡其登仙。加以颔颐蹙頞，涕唾流沫，骋黄马之剧谈，纵碧鸡之雄辩，㉚叙温燠则寒谷成暄，论严枯则春丛零叶。飞沉出其顾指，荣辱定其一言。于是弱冠王孙，绮纨公子，道不绂于通人，声未遒于云阁，攀其鳞翼，丐其余论，附骐骥之髦端，轶归鸿于碣石。㉛是曰谈交，其流三也。

“阳舒阴惨，生民大情，忧合谨离，品物恒性。故鱼以泉涸而呴沫，鸟因将死而哀鸣。[32]同病相怜，缀河上之悲曲；[33]恐惧置怀，昭谷风之盛典。[34]斯则断金由于湫隘，刎颈起于苫盖。[35]是以伍员濯溉于宰嚭，张王抚翼于陈相。[36]是曰穷交，其流四也。

“驰骛之俗，浇薄之伦，无不操权衡，秉纤纩。衡所以揣其轻重，纩所以属其鼻息。若衡不能举，纩不能飞，虽颜、冉龙翰凤鸽，曾、史兰熏雪白，舒、向金玉渊海，卿、云黼黻河汉，[37]视若游尘，遇同土梗，莫肯费其半菽，罕有落其一毛。若衡重锱铢，纩微彯撇，[38]虽共工之搜慝，驩兜之掩义，南荆之跋扈，东陵之巨猾，[39]皆为匍匐委蛇，折枝舐痔，金膏翠羽将其意，脂韦便辟导其诚。[40]故轮盖所游，必非夷、惠之室；苞苴所入，实行张、霍之家。[41]谋而后动，芒毫寡忒。是曰量交，其流五也。

“凡斯五交，义同贾鬻，故桓谭譬之于阛阓，[42]林回喻之于甘醴。[43]夫寒暑递进，盛衰相袭，或前荣而后瘁，或始富而终贫，或初存而末亡，或古约而今泰，循环翻覆，迅若波澜。此则徇利之情未尝异，变化之道不得一。由是观之，张、陈所以凶终，萧、朱所以隙末，[44]断焉可知矣。而翟公方规规然勒门以箴客，何所见之晚乎。[45]

“然因此五交，是生三衅：败德殄义，禽兽相若，一衅也；难固易携，仇讼所聚，二衅也；名陷饕餮，贞介所羞，三衅也。古人知三衅之为梗，惧五交之速尤。故王丹威子以槚楚，朱穆昌言而示绝，[46]有旨哉！

“近世有乐安任昉，[47]海内髦杰，早绾银黄，[48]夙招民誉。遒文丽藻，方驾曹、王；[49]英特俊迈，联衡许、郭。[50]类田文之爱客，同郑庄之好贤。[51]见一善则盱衡扼腕，[52]遇一才则扬眉抵掌。雌黄出其唇吻，朱紫由其月旦。[53]于是冠盖辐凑，衣裳云合，辎軿击辖，[54]坐客恒满。蹈其阃阈，若升阙里之堂；入其奥隅，谓登龙门之坂。[55]至于顾盼增其倍价，翦拂使其长鸣，[56]影组云台者摩肩，[57]趋走丹墀者叠迹。莫不缔恩狎，结绸缪，想惠、庄之清尘，[58]庶羊、左之徽烈。[59]及瞑目东越，归骸洛浦。[60]繐帐犹悬，门罕渍酒之彦；坟未宿草，野绝动轮之宾。藐尔诸孤，[61]朝不谋夕，流离大海之南，寄命瘴疠之地。自昔把臂之英，金兰之友，会无羊舌下泣之仁，宁慕郈成分宅之德。[62]呜呼！世路险巇，一至于此！太行孟门，宁云崭绝。[63]是以耿介之士，疾其若斯，裂裳裹足，弃之长骛。独立高山之顶，驩与麋鹿同群，皦皦然绝其雰浊，[64]诚耻之也，诚畏之也。"

【注释】

①朱公叔《绝交论》：东汉朱穆（100—163）字公叔，南阳宛（今河南南阳）人。所作《绝交论》为"矫时之作"，原文今见《后汉书》本传注。　②王阳：指西汉王吉，字子阳。贡公：指西汉人贡禹。据《汉书·王吉传》载："吉与贡为友，世称'王阳在位，贡公弹冠'，言其取舍同也。"　③罕生：即春秋郑卿罕虎，字子皮。国子：即春秋郑卿国侨，字子产。《左传》昭公十三年载，子产闻子皮卒，"哭，且曰：'吾已，无为为善矣，唯夫子知我。'"④且心同琴瑟，言郁郁兰茝：谓朋友意气相合，十分和洽。郁郁，喻香气浓烈。《易·系辞传》上："同心之言，其臭如兰。"⑤志婉于埙篪：埙、篪皆古代乐器名。《诗经·小雅·何人斯》："伯氏吹埙，仲氏吹篪。"喻二人同心。　⑥若匠人辍成风之妙巧：典出《庄子·徐无鬼篇》："郢人垩慢其鼻端，若蝇翼，使匠石斫之，匠石运斤成风，听而斫之，尽垩而鼻不伤，郢人立不失

容。”　⑦伯子：指伯牙。《荀子·劝学篇》：“伯牙鼓琴而六马仰秣。”　⑧范张款款于下泉：用《后汉书·独行·范式传》载范式、张劭为生死交典故。　⑨尹班陶陶于永夕：《文选注》引《东观汉记》载：尹敏、班彪友善，“每相与谈”，“昼即至冥，夜彻旦”。班彪自称长谈为世人所怪，“然钟子期死，伯牙破琴，曷为陶陶哉”。　⑩巧历：指精于历算者。心计：西汉桑弘羊善心计（心算），见《史记·平准书》。　⑪朱益州：指朱穆。朱穆死后被追赠益州太守。汩彝叙：扰乱人伦之序。　⑫黔首：秦代称民曰黔首。媲：配，等同。　⑬听然：笑貌。“听”言犹。　⑭握金镜：比喻圣人胸怀清明之道。阐风烈：明扬风教。龙骧蠖屈：比喻从政或归隐。污隆：指政治的昏乱与兴盛。　⑮日月联璧：比喻太平。亹亹：勤勉也。《诗经·大雅·文王》：“亹亹文王。”　⑯云飞电薄：比喻衰乱。棣华：用《论语》所引逸诗“棠棣之华，偏其反而”典故。取权反而后大顺之意，比喻使用权道。　⑰得玄珠于赤水：《庄子·天地》篇载，黄帝游乎赤水之北，遗其玄珠，乃使象罔索得之。玄珠，喻大道。谟：谋也。睿：圣也。　⑱寄通灵台之下：指寄托知音于心中。《庄子·庚桑楚》篇谓“万恶至者”，“不可内于灵台”。郭象注：“灵台，心也。”遗迹江湖之上：指遗忘形迹。　⑲素交：指正常的交谊。利交：指怀势利之心的交谊。　⑳蚩蚩：无知貌。鸟惊雷骇：喻天下散乱，莫知指归。　㉑钧：同均。董、石：指汉哀帝的幸臣董贤和汉元帝时弄权的宦官石显。梁、窦：指东汉外戚梁冀和窦宪。　㉒雕刻百工，炉锤万物：本意为制造万物，此处喻其气焰等同于造物主。　㉓靡不望影星奔，藉响川骛：喻群士之趋奉权贵，如众星之拱北辰，百川之归大海。　㉔要离焚妻子：据《吴越春秋·阖闾内传》载，阖闾使要离刺庆忌，为取信于庆忌，先使阖闾“取其妻子，焚弃于市”。荆卿湛七族：荆卿指荆轲。汉邹阳《狱中上梁王书》：“荆轲沈七族。”　㉕陶白：陶指陶朱公，即范蠡，佐越灭吴后浮于江湖，至陶为巨商，致富，见《史记·货殖列传》。白指白圭，战国时富商，见《史记·货殖列传》。程罗：程指程郑，汉时蜀地富商，见《史记·货殖列传》。罗指罗褒，汉代富商，见《汉书·货殖传》。 ㉖绳枢之士：指贫困之士。贾谊《过秦论》谓陈涉瓮牖绳枢之子。 ㉗斝(jiǎ)：酒器。 ㉘陆大夫：指西汉陆贾，为太中大夫。 ㉙郭有道：即东汉郭泰。 ㉚颔颐：下颔敛曲貌。扬雄《解嘲》："颔颐折頞。"颔同锁音钦。黄马之剧谈：指战国时名家学者惠施。据《庄子·天下》篇载，惠施有《黄马骊牛三》之论，"辩者以此与惠施相应，终身无穷"。此处代指雄辩。纵碧鸡之雄辩："碧鸡"，西南夷神名，汉王褒作"碧鸡颂"。东汉冯衍《与邓禹书》曰："衍以为写神输意，则聊城之说，碧鸡之辩不足难也。" ㉛云阁：汉代台阁名，应场《释宾》："子犹不能腾云阁。"轶归鸿于碣石：《文选注》引《淮南子》佚文："冯迟大丙之御也，过归鸿于碣石也。"(按：今本《淮南子·原道训》无下一句。) ㉜鱼以泉涸而呴沫：语出《庄子·天运》篇："泉涸，鱼相与处于陆，相呴以湿，相濡以沫，不若相忘于江湖。"鸟因将死而哀鸣：语出《论语·泰伯》："鸟之将死，其鸣也哀。" ㉝同病相怜，缀河上之悲曲：语出《吴越春秋·阖闾内传》载伍子胥曰："吾之怨与喜(伯嚭)同，子不闻河上之歌乎？同病相怜，同忧相救。" ㉞恐惧置怀，昭《谷风》之盛典：语出《诗经·小雅·谷风》："将恐将惧，置予于怀。" ㉟刎颈：指生死之交。苫盖：草织物，穷人用以覆盖。《左传》襄公十四年："乃祖吾离被苫盖，蒙荆棘以来归我先君。" ㊱伍员濯溉于宰嚭：见前㉝注。濯溉：指施恩。张王：指汉初赵王张耳。抚翼：护助。陈相：指陈余。《汉书·叙传》赞张耳、陈余有"拊翼俱起"语。㊲颜冉：指孔子弟子颜回、冉牛。曾史：指孔子弟子曾参和春秋时贤人史鱼。舒向：指汉代儒者董仲舒、刘向。卿云：指汉代辞赋家司马相如(长卿)、扬雄(子云)。 ㊳纩微影撇：古人用纩(丝绵)置于临死者鼻前，以测生死。纩微影撇，指其人尚有鼻息。 ㊴共工、驩兜：尧时"四凶"中二人名。南荆：指楚国大盗庄跻。东陵：指盗跖。　㊵折枝：见《孟子·梁惠王》上“为长者折枝”，赵岐注以为是“案摩折手节，解罢枝也。”舐痔：见《庄子·列御寇篇》：“舐痔者得车五乘。”“折枝舐痔”喻卑躬屈节。脂韦：见《楚辞·卜居》“如脂如韦”，言其柔顺。便辟：阿谀谄媚。　㊶夷惠：指古代高士伯夷、柳下惠。张霍：指汉代贵臣张安世、霍光。　㊷桓谭譬之于阛阓：据李善《文选注》，桓谭为谭拾子之误。《战国策·齐策》四载，谭拾子曾以“市朝即满，夕则虚”形容门客之趋附权势。阛，音寰，市垣；阓，音溃，市门。此处代指市井之徒。　㊸林回：用《庄子·山木》篇林回曰“君子之交淡若水，小人之交甘若醴”典故。　㊹张、陈所以凶终：指汉初张耳陈余本为友，后为仇。萧朱所以隙末：指汉代萧育、朱博为友，后有隙，见《汉书·萧望之附育传》。　㊺翟公方规规然勒门以箴客：用《史记·汲郑列传》载汉下邽翟公为廷尉，宾客填门，后失官，门可罗雀，及再为廷尉，大署门以谢客之义。规规，自失貌。　㊻朱穆昌言而示绝：指朱穆作《绝交论》。昌言，发表言论。　㊼乐安任昉：任昉（480—508）字彦昇，乐安博昌（今山东寿光）人。南朝梁文学家。　㊽早绾银黄：早年即系银印及金印，代指早年出仕。　㊾曹王：指建安作家曹植、王粲。　㊿许郭：指东汉后期人许劭、郭泰，善于评论人物。51田文：即战国齐孟尝君。郑庄：即西汉名臣郑当时，以进贤著称。　52盱衡：扬眉举目。扼腕：以手握腕示激奋或惋惜。53雌黄出其唇吻：《文选注》引孙盛《晋阳秋》记晋王衍“能言，于意有不安者，辄更易之，时号口中雌黄”。朱紫由其月旦：《文选注》引《东观汉记》：“汝南太守宗资等，任用善士，朱紫区别。”又《后汉书·许劭传》载劭与从兄靖“好共覈论乡党人物，每月辄更其品题，故汝南俗有月旦评焉”。　54辎軿击辖：辎，车之后部。軿，车前衣。这里代指车。辖，车轴端。击辖，指车多而车毂相撞。　55阃阈：门限。阙里：孔子所居地名。奥隅：屋中隐深之处。龙门：《后汉书·李膺传》载：“士有被其容接者，名为登龙门。” ㊺翦拂使其长鸣：翦拂，洗涤拂拭。《战国策·楚策》载汗明用伯乐识骏马故事求春申君提拔，云“君独无湔拔（拂）仆也”。 ㊼影组：垂长冠缨之貌。云台：洛阳宫中台名，见《东观汉记》。 ㊽惠庄之清尘：指惠施与庄周。《庄子·徐无鬼篇》载，庄周过惠施之墓，谓从者曰：“自夫子之死也，吾无以为质矣，吾无与言之矣。” ㊾庶羊左之徽烈：《文选注》引《列士传》曰：“阳角哀、左伯桃为死友，闻楚王贤，往寻之，道遇雨雪，计不俱全，乃并衣粮与角哀，入树中死。” ⑥⓪瞑目东越：指任昉卒于新安。归骸洛浦：指归葬建康，此处以“洛浦”代指京畿。 ⑥①藐：小也。诸孤：指任昉子东里、西华、南客、北叟。⑥②羊舌下泣之仁：羊舌指春秋晋大夫羊舌肸，字叔向。《国语·晋语》载叔向见司马侯之子，抚而泣之，曰“自此父之死也，吾蔑与比事君也”。郈成分宅之德：《孔丛子》载鲁郈成子聘晋，闻卫乱，右宰谷臣死，乃迎其妻子，隔宅而居之。 ⑥③太行、孟门：二山名。嶄绝：险峻。 ⑥④皦皦然：洁白貌。雰同氛。

【品评】

刘峻的《广绝交论》本为讥刺当时的著名文学家任昉死后，平素依附任昉得以成名的一些文人对任昉遗孤的困苦生活毫无体恤而发。据《文选》李善注引刘璠《梁典》载，当时文人到溉见到刘峻此文，“抵几于地，终身恨之”。《文选注》还说到当时另一著名文人刘孝绰，见到此文后，曾在给他弟弟的信中，称引此论，以抨击到溉、到洽等人。这大约是事实，因为任昉生前确曾重视和提拔过到氏兄弟。刘峻此论锋芒所至，大约也包括到氏兄弟在内。但是《广绝交论》所反映的社会现实，却远不止任昉与到氏兄弟一事。在这篇作品里所描写的势利之交，共有五种：“势交”“贿交”“谈交”“穷交”和“量交”。这五种势利之交，实际上概括了当时社会中虚情假义的种种论交形式。刘峻对这五种势利之交，一一作了生动的刻划，特别是最后一种“量交”，实际上是“五交”的总结。他对前四种的描写，主要是写那些人如何去趋附有权势者、富人、名流，以及失意后的互相勾结。至于“量交”一段，则公然说到“若衡不能举，纩不能飞”，即其人已死，不管他生前如何贤明和多才能，都被“视若游尘”，“遇同土埂”。至若其人尚存，即使行为恶劣，也不乏谄附之辈。刘峻把这“五交”斥为“败德殄义”“禽兽相若”，这种描写实际上已概括了当时社会中某些本质现象，具有深刻的意义。人们常认为骈体文往往雕章琢句，缺乏深刻的内容。从刘峻此文看来，似乎不尽然。决定一篇作品的价值的，主要在内容，而不在形式。

徐　陵(506—583)

字孝穆,东海郯(今属山东)人,南朝梁陈间文学家。仕梁,曾任东宫学士、尚书度支郎等职,为太子(简文帝萧纲)所赏识,曾奉命编《玉台新咏》一书。梁武帝太清三年(548)奉命出使东魏。未几,梁朝遭侯景之乱,梁武帝及简文帝被幽禁。徐陵因此留居北方,至北齐文宣帝代东魏,徐陵曾多次求归,未获允准。至梁敬帝绍泰元年(555),北齐送萧渊明南归,徐陵方得从之还南。及陈武帝代梁,为散骑常侍、尚书左丞。历太府卿、吏部尚书,官至太子少傅、尚书左仆射。明人辑有《徐孝穆集》。

在齐与仆射杨遵彦书

夫一言所感,凝晖照于鲁阳,[①]一志冥通,飞泉涌于疏勒,[②]况复元首康哉,股肱良哉,邻国相闻,风教相期者也?天道穷剥,钟乱本朝,情计驰惶,公私哽惧,而骸骨之请徒淹岁寒,颠沛之祈空盈卷轴,是所不图也,非所仰望也。执事不闻之乎!昔分鳌命扈之世,[③]观河拜洛之年,[④]则有日乌流灾,风禽骋暴,[⑤]天倾西北,地缺东南,[⑥]盛旱坼三川,长波含五岳。我大梁应金图而有亢,纂玉镜而犹屯。[⑦]何则?圣人不能为时,斯固穷通之恒理也。至于荆州刺史湘东王,机神之本,无寄名言,陶铸之余,犹为尧、舜,虽复六代之舞,陈于总章,[⑧]九州之歌,登于司乐，虞夔拊石，晋旷调钟，[9]未足颂此英声，无以宣其盛德者也。若使郊禋楚翼，宁非祀夏之君，[10]戡定艰难，便是匡周之霸，岂徒豳王徙雍，期月为都，[11]姚帝迁河，周年成邑。[12]方今越裳藐藐，驯雉北飞，肃慎茫茫，风牛南偃，[13]吾君之子，含识知归，而答旨云何所投身，斯其未喻一也。又晋熙等郡，[14]皆入贵朝，去我寻阳，经涂何几。至于铛铛晓漏，的的宵烽，隔溆浦而相闻，临高台而可望。泉流宝碗，遥忆湓城，峰号香炉，依然庐岳。日者鄱阳嗣王治兵汇派，[15]屯戍沦波，朝夕戕书，春秋方物。吾无从以蹑屩，彼何路而齐镳。岂其然乎？斯不然矣。又近者邵陵王通和此国，[16]郢中上客，云聚魏都，邺下名卿，风驰江浦，岂卢龙之径于彼新开，铜驼之街于我长闭？何彼途甚易，非劳于五丁，[17]我路为难，如登于九折？地不私载，何其爽欤？而答旨云还路无从，斯所未喻二也。晋熙、庐江、义阳、安陆，皆云款附，非复危邦，计彼中途，便当静晏。自斯以北，桴鼓不鸣，自此以南，封疆未壹。如其境外，脱殒轻躯，幸非边吏之羞，何在匹夫之命。又此宾游，通无货殖，忝非韩起聘郑，私买玉环，[18]吴札过徐，躬要宝剑。[19]由来宴锡，凡厥囊装，行役淹留，皆已虚罄，散有限之微财，供无期之久客，斯可知矣。且据图刎首，愚者不为，运斧全身，庸流所鉴。何则？生轻一发，自重千钧，不以贾盗明矣。骨肉不任充鼎俎，皮毛不足入货财，盗有道焉，吾无忧矣。又公家遣使，脱有资须，本朝非隆平之时，游客岂皇华之势。轻装独宿，非劳聚橐之仪；[20]微骑间行，宁望輶轩之礼。归人将从，私具驴骡；缘道亭邮，唯希蔬粟。若日留之无烦于执事，遣之有费于官司，或以颠沛为言，或云资装可惧，固非通论，皆是外篇。斯所未喻三也。又若以吾徒应还侯景，侯景凶逝，歼我国家，天下含灵，人怀愤厉，既不获投身社稷，卫难乘舆，四家磔蚩尤，千刀刳王莽，安所谓俯首顿膝，归奉寇仇，佩弭腰鞬，为其皂隶？目者通和，方敦曩睦，凶人狙诈，遂骇狼心，颇疑宋万之诛，[21]弥惧荀罃之请，[22]所以奔蹄劲角，专恣凭陵，凡我行人，偏膺仇憾。政复菹筋醢骨，抽舌探肝，于彼凶情，犹当未雪，海内之所知也，君侯之所具焉。又闻本朝公主，都人士女，风行雨散，东播西流，京邑丘灵，奸蓬萧瑟，偃师还望，咸为草莱，霸陵回首，俱沾霜露，此又君之所知也。彼以何义，争免寇仇？我以何亲，争归委质？昔巨平贵将，悬重于陆公；[23]叔向名流，深知于鬷蔑。[24]吾虽不敏，常慕前修，不图明庶有怀，翻其以此量物。昔魏氏将亡，群凶挺争，诸贤戮力，想得其朋。为葛荣之党邪？为邢杲之徒邪？[25]如曰不然，斯所未喻四也。假使吾徒还为凶党，侯景生于赵代，家自幽恒，居则台司，行为连率，山川形势，军国彝章，不劳请箸为筹，便当屈指能算。景以逋逃小丑，羊豕同群，身寓江皋，家留河朔，舂舂井井，[26]如鬼如神。其不然乎？抑又君之所知也。且夫宫闱秘事，并若云霄，英俊讦谟，宁非帷幄，或阳惊以定策，或焚稿而奏书，朝廷之士，犹难参预，羁旅之人，何阶耳目。至于礼乐沿革，刑政宽猛，则讴歌已远，万舞成风，不知手之舞之足之蹈之也。安在摇其牙齿，为闲谍者哉？若谓复命西朝，终奔东虏，虽齐梁有隔，尉候奚殊？岂以河曲之难浮，而曰江关之可济？河桥马度，宁非宋典之奸；[27]关路鸡鸣，皆曰田文之客。[28]何其通蔽，乃尔相妨？斯所未喻五也。又兵交使在，虽著前经，傥同徇仆之尤，追肆寒山之怒，[29]则凡诸元帅，并释缧囚，爰及偏裨，同无翦馘。乃至钟仪见赦，明朋遵途，[30]襄老蒙归，虞哥引路。[31]吾等张旃拭玉，修好寻盟，涉泗之与浮河，郊劳至于赠贿，公恩既被，宾敬无违，今者何偬，翻蒙贬责。若以此为言，斯所未喻六也。若曰袄氛永久，丧乱悠然，哀我奔波，存其形魄，固已铭兹厚德，戴此洪恩，譬渤澥而俱深，方嵩华而犹重。但山梁饮啄，非有意于笼樊；江海飞浮，本无情于钟鼓。[32]况吾等营魄已谢，余息空留，悲默为生，何能支久，是则虽蒙养护，更夭天年。若以此为言，斯所未喻七也。若云逆竖歼夷，当听反命，高轩继路，飞盖相随，未解其言，何能善谑？夫屯亨治乱，岂有意于前期。谢常侍今年五十有一，[33]吾今年四十有四，介已知命，宾又杖乡，[34]计彼侯生，肩随而已。[35]岂银台之要，彼未从师，金灶之方，吾知其决，[36]政恐南阳菊水，竟不延龄，[37]东海桑田，无由可望。[38]若以此为言，斯所未喻八也。足下清襟胜托，书囿文林，凡自洪荒，终乎幽厉，如吾今日，宁有其人，爰至春秋，微宜商略。夫宗姬殄坠，霸道昏凶，或执政之多门，或陪臣之凉德，故臧孙有礼，翻囚与国之宾，[39]周伯无愆，空怒天王之使。[40]迁箕卿于两馆，[41]絷骥子于三年。[42]斯匪贪乱之风邪？宁当今之高例也？至于双崤且帝，[43]四海争雄，或构赵而侵燕，或连韩而谋魏，身求盟于楚殿，躬夺璧于秦庭，[44]输宝鼎以托齐王，驰安车而诱梁客。[45]其外膏唇贩舌，分路扬镳，无罪无辜，如兄如弟。逮乎中阳受命，[46]天下同规，巡省诸华，无闻幽辱。及三方之霸也，孙甘言以妩媚，曹屈诈以羁縻，[47]旍轸岁到于句吴，冠盖年驰于庸蜀，[48]则客嘲殊险，宾戏已怀，其尽游谈，谁云猜忤。若使搜求故实，脱有前踪，恐是叔世之奸谋，而非为邦之胜略也。抑又闻之，云师火帝，[49]浇淳乃异其风，龙曜麟惊，王霸虽殊其道，莫不崇君亲以铭物，敦敬养以治民，预有邦司，曾无隆替。吾奉违温清，[50]仍属乱离，寇虏猖狂，公私播越，萧轩靡御，王舫谁持？[51]瞻望乡关，何心天地？自非生凭廪竹，源出空桑，[52]行路含情，犹其相愍。常谓择官而仕，非曰孝家；择事而趋，非云忠国。况乎钦承有道，骖驾前王，郎吏明经，鸱鸢知礼，巡省方化，咸问高年，东序西胶，皆尊耆耋。吾以圭璋玉帛，通聘来朝，属世道之屯期，钟生民之否运，兼年累载，无申元直之祈，衔泣吞声，长对公闾之怒。[53]情礼之诉，将同逆鳞；忠孝之言，皆应龉舌，[54]是所不图也，非所仰望也。且天伦之爱，何得忘怀？妻子之情，谁能无累？夫以清河公主之贵，[55]余姚书佐之家，[56]莫限高卑，皆被驱略。自东南丑虏，抄贩饥民，台署郎官，俱馁墙壁，况吾生离死别，多历暄寒，孀室婴儿，何可言念。如得身还乡土，躬自雁求，犹冀提携，俱免凶虐。夫四聪不达，华阳君所谓乱臣；[57]百姓无冤，孙叔敖称为良相。[58]足下高才重誉，参赞经纶，非豹非貔，闻诗闻礼，而中朝大议，曾未矜论，清禁嘉谋，安能用及，谔谔非周舍，[59]容容类胡广，[60]可其无静臣哉？岁月如流，平生何几，晨看旅雁，心赴江淮，昏望牵牛，情驰扬越，朝千悲而掩泣，夜万绪而回肠，不自知其为生，不自知其为死也。足下素挺词锋，兼长圣窟，匡丞相解颐之说，[61]乐令君清耳之谈，[62]向所咨疑，谁能晓喻。若鄙言为谬，来旨必通，分请灰钉，[63]甘从斧镬，何但规规默默，龉古低头而已哉。若一理存焉，犹希矜眷，何必期令我等必死齐都，足赵魏之黄尘，加幽并之片骨，遂使东平拱树，长怀向汉之悲，[64]西洛孤坟，恒表思乡之梦。[65]干祈以屡，哽恸增深。

【注释】

①凝晖照于鲁阳：用《淮南子·览冥训》典："鲁阳公与韩构难，战酣日暮，援戈而抙(挥)之，日为之反三舍。" ②飞泉涌于疏勒：《后汉书·耿恭传》载，耿恭在疏勒与匈奴作战，匈奴绝其水源，耿恭在城中穿井十五丈，不得水，"乃整衣服，向井再拜，为吏士祷，有顷水泉奔出"。 ③昔分鳌命扈之世：指上古。分鳌，用《淮南子·览冥训》载女娲补天典故："断鳌足以立四极。"命扈，典出《左传》昭公十七年记少昊氏以鸟命官。杜注："以九扈为九农之号，各随其宜以教民事。" ④观河拜洛之年：亦指上古。《易·系辞传》上："河出图，洛出书，圣人则之。"孔颖达《周易正义》引《春秋纬》云："河以通乾出天苞，洛以流坤吐地符。河龙图发，洛龟书感。" ⑤日乌流灾，风禽骋暴："日乌"句用《淮南子·本经训》典故："逮尧之时，十日并出，焦禾稼，杀草木，而民无所食。""风禽"句用同书记大风为民害，尧使羿"缴大风于青丘之泽"典故。 ⑥天倾西北，地缺东南：用《淮南子·天文训》典故："昔者共工与颛顼争为帝，怒而触不周之山，天柱折，地维绝。天倾西北，故日月星辰移焉；地不满东南，故水潦尘埃归焉。" ⑦我大梁应金图而有亢，纂玉镜而犹屯：金图，指帝王受命的图谶。玉镜，喻为政清明之道。《太平御览》卷八十二引《尚书帝命验》："桀失其玉镜。"注："玉镜，清明之道。"亢，过高之意。《易·乾卦》："亢龙有悔。"屯，《说文》云：难也。《易·屯卦》："屯，刚柔始交而难生。"这里皆指国家遭到祸难。⑧荆州刺史湘东王：指梁元帝萧绎。机神之本：指治理国家的才能。《易·系辞传》上："唯几也，故能成天下之务。唯神也，故不疾而速，不行而至。"总章：明堂之西向三室，以诸礼皆于此举行而称。《吕氏春秋·孟秋纪》"天子居总章左个"，高诱注："总章，西向堂也。" ⑨虞夔：指舜时乐正夔。晋旷：指春秋时

晋平公的乐官师旷。二人皆著名音乐家。 ⑩若使郊禋楚翼，宁非祀夏之君：郊禋，指帝王祭天的礼。楚翼，古人以中国疆域分属天上各星，以为翼轸二星为楚之分野。梁元帝居荆州，故称“郊禋楚翼”，意谓在荆州称帝。祀夏之君，用《左传》哀公元年伍员论夏少康语：“祀夏配天，不失旧物。” ⑪岂徒豳王徙雍，期月为都：豳王，指周文王祖父太王。传说太王居豳，遭狄族侵犯，乃迁徙于岐山之下，即雍地，百姓纷纷随之迁移。据《吴越春秋》载：“一年成邑，二年成都。” ⑫姚帝迁河，周年成邑：姚帝指舜，据《史记·五帝本纪》载，舜未称帝时，迁居于河，当地人跟随他，“一年而所居成聚，二年成邑。” ⑬越裳：南方少数民族。据《韩诗外传》载，周公时越裳氏“重译而献白雉”。肃慎：北方少数民族，即今满族的祖先。传说武王时肃慎来献石砮楛矢。风牛南偃：用《左传》僖公四年“君处北海，寡人处南海，唯是风马牛不相及也”典。肃慎在北方，故称“南偃”。⑭晋熙等郡：晋熙，梁代郡名，治所在今安徽潜山县。 ⑮日者鄱阳嗣王治兵汇派：鄱阳嗣王，指梁鄱阳王萧恢之子萧范，侯景之乱时，萧范在合肥，请援于东魏，东魏占合肥，竟不相救。萧范遂投奔寻阳王萧大心于九江。汇派，用《尚书·禹贡》“东汇泽为彭蠡，东为北江，入于海”语，代指九江。 ⑯邵陵王：指梁邵陵王萧纶。《周书·杨忠传》载，邵陵王萧纶曾和人“合谋送质于齐”。通和此国，盖即指此。 ⑰卢龙之径：借用曹操平乌桓，用田畴计从卢龙进军典故。铜驼之街：借用洛阳街名。二者皆借喻南北交通的道路。五丁：《艺文类聚》卷九十四引《蜀王本纪》载，秦惠王伐蜀，“乃刻五石牛，置金其后”，蜀人以为牛便金，蜀王即发卒千人，“使五丁力士拖牛成道”，因此秦遂得通道伐蜀。 ⑱韩起聘郑，私买玉环：据《左传》昭公十六年载，晋韩起聘郑，向郑商人购买一玉环，以子产劝阻而作罢。 ⑲季札过徐，躬要宝剑：用《史记·吴太伯世家》典故，“季札之初使，北过徐君。徐君好季札剑，口弗敢言”。 ⑳槖（tuō）：同柝。

非劳聚欜之仪：指徐陵等人回南，不用北齐方面夜间打更保卫。㉑颇疑宋万之诛：宋万，春秋时宋人，弑宋闵公，奔陈，陈人饮之酒，醉，以犀革裹之，送宋，宋人诛之。见《左传》庄公十二年，此处以宋万喻侯景。　㉒弥惧荀罃之请：据《左传》成公三年，晋楚邲之战时，晋臣荀罃被楚所俘，此时晋人要求楚国放荀罃回晋。此处喻侯景本北朝将领，害怕南朝将他送回北齐治罪。㉓巨平：指晋朝巨平侯羊祜。陆公：指吴将陆抗。羊祜为荆州都督，与陆抗对峙。陆抗曾有病，羊祜送他药，陆抗服之无疑，称"羊祜岂鸩人者"，见《晋书·羊祜传》。　㉔叔向名流，深知于鬷篾：用《左传》昭公二十九年典故："昔叔向适郑。鬷篾恶，欲观叔向，从使之收器者而往，立于堂下，一言而善。叔向将饮酒，闻之曰：'鬷明也。'下，执其手以上。"　㉕葛荣：北魏末年六镇起义的领导者。邢杲：北魏末年流民叛乱的首领。　㉖舂舂井井：一本作"春春井井"。按："舂"当指民间舂米。"舂舂井井"当即指北方各地民间的情况。　㉗河桥马渡，宁非宋典之奸：据《晋书·元帝纪》载，元帝早年从邺逃归，当时成都王司马颖已命令各关卡不准贵人通行。元帝到河阳，为关吏所阻。他的从者宋典从后来，以鞭拂元帝而笑曰："舍长，官禁贵人，汝亦被拘邪？"以此得过关。　㉘关路鸡鸣，皆曰田文之客：据《史记·孟尝君列传》，战国齐孟尝君田文从秦国逃回齐国，夜间途经函谷关。函谷关规定鸡鸣放行。田文的门客有善学鸡鸣者，遂作鸡鸣，于是群鸡皆鸣，遂得过关。　㉙寒山：地名，梁武帝太清元年(547)，梁武帝命令萧渊明阻断泗水，以谋攻取东魏的彭城，被魏军所败，萧渊明被俘。　㉚钟仪见赦，朋笑遵途：据《左传》成公九年载，钟仪本楚臣，为郑国所俘，献于晋。钟仪在晋服南冠，晋君见之，以为是君子，释之归楚，故言"朋笑遵途"。㉛襄老蒙归，虞歌引路：据《左传》成公三年载，晋人归楚连尹襄老之尸。虞歌，送丧之歌。　㉜江海飞浮，本无情于钟鼓：用《庄子·至乐》篇典故："昔者海鸟止于鲁郊，鲁侯御而觞之于庙，奏九韶以为乐，具太牢以为膳。鸟乃眩视忧悲，不敢食一脔，不敢饮一杯，三日而死。” ㉝谢常侍：指梁使者谢斑。㉞介已知命，宾又杖乡：按：《论语·为政》：“五十而知天命。”《礼记·内则》：“六十杖于乡。”“介”指徐陵自己，因为副使故称。“宾”指谢斑，因为正使故称。徐陵年逾四十，谢斑年逾五十，故以“知命”“杖乡”为言。 ㉟侯生：指战国魏信陵君门客侯嬴。《史记·魏公子列传》说他“年七十”。肩随：用《礼记·曲礼》典故：“五年以长则肩随之。” ㊱决：一本作“诀”，当是。银台：仙人之居处。郭璞《游仙诗》：“神山排云出，但见金银台。”金灶：指方士炼丹的灶。《史记·封禅书》载李少君谓汉武帝曰：“祠灶则致物，致物而丹沙可化为黄金，黄金成，以为饮食器则益寿。” ㊲南阳菊水：《水经注·湍水》：“湍水又南，菊水注之，水出西北石涧山芳菊溪，潭涧滋液，极成甘美。云此谷之水土，餐挹长年，司空王畅、太傅袁隗、太尉胡广，并汲饮此水，以自绥养。” ㊳东海桑田：《神仙传》：“麻姑谓王方平曰，接待以来，见东海三变为桑田。”此处喻成仙长寿。 ㊴臧孙有礼，翻囚与国之宾：用《列女传》典故：“臧文仲为鲁使齐，齐拘之。” ㊵周伯无愆，空怒天王之使：用《左传》隐公七年典故：“王使凡伯来聘，还，戎伐之于楚丘以归。” ㊶迁箕卿于两馆：用《左传》昭公二十三年典故：晋人执鲁卿叔孙婼，馆诸箕。 ㊷絷骥子于三年：《左传》宣公三年唐成公如楚，有两肃爽马，楚子常欲之，止之三年。 ㊸双崤且帝：双崤指今河南西部的崤山，为春秋时秦国通往东方各国的要道。这里代指秦国。《左传》僖公三十二年有“崤有二陵焉语，故称双崤”。 ㊹身求盟于楚殿：用《史记·平原君列传》载毛遂使楚求盟典故。躬夺璧于秦庭：用《史记·蔺相如列传》蔺相如完璧归赵典故。 ㊺输宝鼎以托齐王：用《战国策·东周策》颜率为东周请救于齐以拒秦典故。驰安车而诱梁客：用《史记·范雎列传》王稽以车载范雎由梁入秦见昭襄王典故。 ㊻中阳：指汉高祖刘邦，刘邦为沛丰邑中阳里人，见《史记·高祖本纪》。 ㊼孙甘言以妩媚：用《三国志·钟繇传》注引钟繇《报曹丕书》典："孙权了更妩媚。"时孙权与蜀交战，称臣于魏。 ㊽旍轸：旍同旌。轸，车后横木，代指车。旍轸，借指使者。句吴：江浙一带古称，见《史记·吴太伯世家》。庸蜀：指今四川一带，即三国时蜀国。 ㊾云师火帝：用《左传》昭公十七年典："昔者黄帝氏以云纪，故为云师而云名。炎帝氏以火纪，故为火师而火名。"代指上古。 ㊿奉违温清：指侍奉父母。《礼记·曲礼》："凡为人子之礼，冬温而夏清。" ⑤①萧轩：代指车。《汉书·萧望之附育传》："乃以三公使车载育入殿中受策。"王舫：代指船。《南史·王筠传》："还资有芒屩两舫。" ⑤②自非生凭廪竹，源出空桑：代指无父母出生。《后汉书·西南夷传》载夜郎之先，有女子于水滨得大竹，剖之，得男孩。又《吕氏春秋·本味篇》载，有侁氏女采桑，得婴儿于空桑，母居伊水，命曰伊尹。 ⑤③无申元直之祈：元直指三国徐庶，徐庶母为曹操所获，徐庶遂自称"方寸乱矣"，与刘备告别，见《三国志·蜀志·诸葛亮传》。长对公闾之怒：公闾，晋贾充字。公闾之怒，不详。 ⑤④逆鳞：用《韩非子·说难》典故：龙喉下有逆鳞径尺，婴之杀人。龃(zé)舌：龃，啮也。《史记·魏其武安侯列传》："龃舌自杀。" ⑤⑤清河公主之贵：指晋代临海公主，初封清河公主，永嘉之乱，为人掠卖，见《晋书·后妃传》。⑤⑥余姚书佐之家：余姚书佐，指后汉黄昌，其妻曾被人掠卖，后黄昌在蜀地与之重逢，见《后汉书·酷吏传》。 ⑤⑦华阳君：战国时秦国权臣，见《史记·范雎传》。 ⑤⑧孙叔敖：春秋时楚庄王贤相，见《史记·循吏列传》。 ⑤⑨周舍：春秋时赵简子之臣，以耿直闻名，见《韩诗外传》。 ⑥⓪胡广：东汉大臣，在位以苟合敢容著称，见《后汉书》本传。 ⑥①匡丞相解颐之说：指西汉丞相匡衡，善说《诗》，当时儒者云："匡说诗，解人颐。"见《汉书·匡衡传》。 ⑥②乐令君清耳之谈：指西晋清谈家乐广，乐广官至尚书令，故称"令君"。见《晋书·乐广传》。 ⑥③分请灰钉：灰钉，殡葬用物。《三国志·魏志·王凌传》注引《魏略》载，王凌起兵反司马懿失败，写信向司马懿求棺钉，司马懿给之，遂自杀。此处借喻自己负有死罪。 ㊿东平拱树，常怀向汉之悲：用《皇览》典故。东汉东平思王宇死后，其冢上松柏皆西向。㊶西洛孤坟，恒表思乡之梦：用《后汉书·独行·温序传》典故。温序死葬洛阳，长子寿梦见温序对他说"客久思乡里"，遂归葬。

【品评】

这篇文章作于北齐文宣帝天保初(550—551)，当时徐陵出使北方已经三年，由于梁朝发生了侯景之乱，因此他留在北方，久久不得南归。北齐天保初年，正相当于梁的简文帝大宝年间。这时，建康已落入侯景之手，简文帝萧纲其实是侯景手中的囚犯。这时大多数南朝的士大夫们都逃向江陵，投靠元帝萧绎(这时他是荆州刺史、湘东王)。徐陵的要求南归，显然也是要求去江陵，这在本文中已说得很清楚。但北齐当时正想利用南朝的动乱，蚕食长江以北之地。他们对建康失陷后梁代各藩王的割据争权，颇想坐收渔人之利，因此对徐陵要求去江陵的想法并不支持，并以种种藉口加以拖延。徐陵在这里义正辞严地列举了北齐人所持的八条理由，一一加以驳斥，不卑不亢，具有很强的说服力。文章的后半，又动之以情，写到自己对家乡的种种思念之情，如"岁月如流，平生何几，晨看旅雁，心赴江淮，昏望牵牛，情驰扬越，朝千悲而掩泣，夜万绪而回肠，不自知其为生，不自知其为死也"一段，尤为哀感动人。骈体文一般因拘于形式，常常难于说理，而此文说理透辟，文气遒劲，尤为六朝文中难得之作。前人评徐陵文不如庾信，说他的骈文"逸而不遒"，从此文看来，其说恐未必尽然。

庾　信(513—581)

字子山,南阳新野(今属河南)人。初仕梁,为抄撰学士,出入东宫,为太子(简文帝萧纲)所恩礼,其文与徐陵齐名,号“徐庾体”,尝出使东魏,文章为邺下所称。侯景之乱,奉命守朱雀航,叛军至,信先退。台城陷,奔江陵。元帝即位,使于西魏。会西魏兴兵伐梁,破江陵,杀元帝,庾信遂留于长安,累官开府仪同三司、司宪中大夫。隋文帝开皇元年卒。庾信虽显贵于北,而常有乡关之思。《哀江南赋》即其代表作。有《庾开府集》。

哀江南赋序

粤以戊辰之年,[①] 建亥之月,[②] 大盗移国,[③] 金陵瓦解。余乃窜身荒谷,公私涂炭。华阳奔命,[④] 有去无归;中兴道消,穷于甲戌。[⑤] 三日哭于都亭,[⑥] 三年囚于别馆。[⑦] 天道周星,物极不反。傅燮之但悲身世,[⑧] 力所求生;袁安之每念王室,[⑨] 自然流涕。昔桓君山之志事,[⑩] 杜元凯之生平,[⑪] 并有著书,咸能自序。潘岳之文彩,始述家风;[⑫] 陆机之词赋,多陈世德。[⑬] 信年始二毛,[⑭] 即逢丧乱,藐是流离,至于暮齿。燕歌远别,悲不自胜,[⑮] 楚老相逢,泣将何及。[⑯] 畏南山之雨,忽践秦庭;[⑰] 让东海之滨,遂餐周粟。[⑱] 下亭漂泊,[⑲] 皋桥羁旅,[⑳] 楚歌非取乐之方,[㉑] 鲁酒无忘忧之用。[㉒] 追(惟)〔为〕此赋,聊以记言,不无危苦之辞，唯以悲哀为主。

日暮途远，人间何世。将军一去，大树飘零；[23]壮士不还，寒风萧瑟。[24]荆璧睨柱，受连城而见欺；[25]载书横阶，捧珠盘而不定。[26]钟仪君子，入就南冠之囚；[27]季孙行人，留守西河之馆。[28]申包胥之顿地，碎之以首；[29]蔡威公之泪尽，加之以血。[30]钓台移柳，非玉关之可望；[31]华亭唳鹤，岂河桥之可闻。[32]

孙策以天下为三分，众裁一旅；[33]项羽用江东之子弟，人唯八千。[34]遂乃分裂山河，宰割天下，岂有百万义师，一朝卷甲，芟夷斩伐，如草木焉。江、淮无涯岸之阻，亭壁无藩篱之固。头会箕敛者，合从缔交；[35]锄耰棘矜者，因利乘便。[36]将非江表王气，应终三百年乎？是知并吞六合，不免轵道之灾；[37]混一车书，无救平阳之祸。[38]呜呼！山岳崩颓，既履危亡之运；春秋迭代，必有去故之悲。天意人事，可以凄怆伤心者矣。况复舟楫路穷，星汉非乘槎可上；[39]风飙道阻，蓬莱无可到之期。[40]穷者欲达其言，劳者须歌其事。陆士衡闻而抚掌，是所甘心；[41]张平子见而陋之，固其宜矣。[42]

【注释】

①粤：发语辞。戊辰之年：指梁武帝太清二年(548)，是年八月，侯景自寿阳起兵叛梁。　②建亥之月：指阴历十月。③大盗：指侯景。　④华阳奔命：指庾信奉梁元帝命出使西魏。华阳指华山之南，庾信自江陵至长安，取道于此。　⑤中兴道消，穷于甲戌：指梁元帝承圣三年(554)，西魏军攻克江陵，梁元帝被杀，梁朝中兴之业遂致销亡。　⑥三日哭于都亭：指三国罗宪守永安，闻蜀亡，哭于永安城郊之都亭凡三日。此处用以

自况。 ⑦三年囚于别馆：指春秋晋人执鲁卿叔孙婼事。 ⑧傅燮：指东汉傅燮为汉阳太守，会金城王国、韩遂攻之，傅燮不屈而死。见《后汉书·傅燮传》。 ⑨袁安：东汉袁安“每朝会进见，及与公卿言国家事，未尝不噫呜流涕”。见《后汉书·袁安传》。 ⑩桓君山：指东汉桓谭，字君山，作《新论》二十九篇。 ⑪杜元凯：指晋杜预，字元凯，著《春秋经传集解》。 ⑫潘岳：晋代文学家，曾作《家风诗》。 ⑬陆机：晋代文学家，有《祖德赋》《述先赋》。 ⑭二毛：指始生白发，与黑发相间。晋潘岳《秋兴赋序》：“晋十有四年，余春秋三十有二，始见二毛。”侯景乱时，庾信年三十五。 ⑮燕歌：指《燕歌行》，其内容大抵从征伤别之作。 ⑯“楚老”二句：据《后汉书·逸民·陈留父老传》载，陈留张升去官归乡，与友人班草而言，忧朝政之乱，相抱而泣，有父老见而太息故事。 ⑰南山之雨：《列女传》陶答子妻谓南山玄豹，雾雨七日而不下食者，所以远害。秦庭：本指春秋申包胥为楚乞师，哭于秦庭故事，此处代指西魏。 ⑱“让东海”句：用《孟子·离娄》“伯夷辟纣，居北海之滨”典，误“北”为“东”。下句“遂餐周粟”盖以自况。伯夷不食周粟，而庾信则屈身北周。 ⑲下亭漂泊：用《后汉书·独行·范式传》典故：“南阳孔嵩，家贫亲老，乃变姓名，佣为新野阿里街卒”，后至京师，“道宿下亭，盗共窃其马”。 ⑳皋桥羁旅：据《后汉书·逸民·梁鸿传》载梁鸿至吴，“遂依大家皋伯通，居庑下”。清惠栋据《太平御览》引《郡国志》云：“通门内有皋桥。伯通居此，桥以得名。” ㉑“楚歌”句：据《史记·留侯世家》载，汉高祖欲立戚夫人子赵王如意，会惠帝得商山四皓之助，高祖以为羽翼已成，难动矣。戚夫人泣，高祖曰：“为我楚舞，我为若楚歌。” ㉒“鲁酒”句：用《庄子·胠箧篇》“鲁酒薄而邯郸围”典故。鲁酒薄，故无忘忧之用。 ㉓“将军”二句：用东汉冯异号“大树将军”典故。 ㉔“壮士”二句：用荆轲《易水歌》“风萧萧兮易水寒，壮士一去兮不复还”典故。 ㉕“荆璧”二句：用《史记·蔺相如列传》载蔺相如为赵使秦，与秦王争和氏璧典故。 ㉖“载书”二句：用《史记·平原君列传》载赵平原君及毛遂使楚与楚王定盟故事。此处四句言庾信不能如蔺相如、毛遂之不辱使命。 ㉗“钟仪”二句：详《在齐与仆射杨遵彦书》注㉚。 ㉘“季孙”二句：据《左传》昭公十三年载，鲁季孙意如使晋，为晋拘留，后释之。 ㉙“申包胥”二句：见前注⑰。 ㉚“蔡威公”二句：用《说苑·权谋篇》载蔡威公闭门而泣，三日三夜，谓其国将亡。㉛钓台：台名，在武昌。移柳：当作栘柳，“栘”音移，木名，似白杨。玉关：即玉门关，为古时来往西域要道。此处暗喻作者身留长安。 ㉜“华亭”二句：华亭地名，在今上海松江。陆机有别业在此，及河桥兵败，为成都王司马颖所杀，机叹曰：“华亭鹤唳，岂可复闻乎！”见《晋书·陆机传》。 ㉝“孙策”二句：据《三国志·吴志》本传，三国孙策起兵时“兵财千余”，此言“一旅”（五百人），言其少。 ㉞“项籍”二句：项籍即项羽，据《史记·项羽本纪》载，项羽起兵时与江东子弟八千渡江而西。 ㉟头会箕敛：据《汉书·陈余传》载，秦时计人纳税，以箕盛之。此处指平日虐使民众之人，如临贺王萧正德之暗通侯景。 ㊱锄耰棘矜：语出汉贾谊《过秦论》，指出身下层之人。此处喻陈霸先等。 ㊲轵道之灾：轵道，地名，在长安附近，汉高祖入关，秦王子婴降轵道旁。 ㊳平阳之祸：前赵刘渊起兵后，建都平阳，至刘聪，俘晋怀、愍二帝至平阳。 ㊴星汉：至天上银河。据《博物志》，汉张骞曾乘槎至天上。 ㊵蓬莱：传说中之海上仙山。㊶“陆士衡”二句：据《晋书·左思传》，陆机初闻左思作《三都赋》，曾讪笑之。 ㊷“张平子”二句：据《艺文类聚》卷六十一载，张衡（字平子）见班固《两都赋》，“薄而陋之，更作《二京赋》”。

【品评】

这篇序几乎概括了《哀江南赋》的主要内容。历来传诵的程度几乎凌本赋而上之。这是因为哀悼梁亡，思念乡关本是庾信许多作品的共同内容。然而《哀江南赋》及其序则是这种情绪的集中反映。正如作者自己所说，此文的内容“不无危苦之辞，唯以悲哀为主”。庾信用以表达自己这种哀感的手法比较特殊，他在文中叙述侯景之乱中的经历，常常引用典故作比。如写到梁亡而他被留于长安之事时说：“三日哭于都亭，三年囚于别馆。”在这里，前一句用三国末蜀将罗宪典故，后一句用春秋时晋人囚鲁大夫叔孙婼的典故。虽然用典，却完全切合庾信本人事迹，令人浑然不觉。又如“荆璧睨柱，受连城而见欺；载书横阶，捧珠盘而不定”四句，前面二句用战国蔺相如出使秦国，完璧归赵典故；后二句用战国毛遂随平原君使楚，与楚王定盟故事。这两个典故都是以取得外交上的胜利闻名的，但庾信却反其意而用之，表现自己出使未能完成使命之事。文中抒情之句如“钓台移柳，非玉关之可望；华亭鹤唳，岂河桥之可闻”；“况复舟楫路穷，星汉非乘槎可上，风飙道阻，蓬莱无可到之期”，虽都用典，但作者的真情实感仍强烈地感染读者。像这样注意到作品的形式美，却又能突破形式的束缚，运用自如地记事、抒情，正表现了作者高度的艺术技巧。

祖鸿勋（？—550?）

涿郡范阳（今北京市一带）人。北朝魏齐间文学家。北魏末为州主簿，仆射临淮王元彧表荐鸿勋有文学，除奉朝请，后为廷尉正，去官归乡里。高欢执政，尝征至并州，作《晋祠记》，官至高阳太守。齐文宣帝天保初卒官。

与阳休之书[①]

阳生大弟，吾比以家贫亲老，时还故郡。[②]在本县之西界，有雕山焉。其处闲远，水石清丽，高岩四匝，良田数顷，家先有野舍于斯，而遭乱荒废，今复经始。即石成基，凭林起栋。萝生映宇，泉流绕阶。月松风草，缘庭绮合；[③]日华云实，傍沼星罗。[④]檐下流烟，共霄气而舒卷；园中桃李，杂椿柏而葱蒨。[⑤]时一褰裳涉涧，负杖登峰，心悠悠以孤上，身飘飘而将逝，杳然不复自知在天地间矣。若此者久之，乃还所住。孤坐危石，抚琴对水，独咏山阿，举酒望月，听风声以兴思，闻鹤唳以动怀。企庄生之逍遥，慕尚子之清旷。[⑥]首戴萌蒲，身衣缊袯，[⑦]出艺粱稻，归奉慈亲，缓步当车，无事为贵，斯已适矣，岂必抚尘哉。[⑧]

而吾生既系名声之缰锁，就良工之剞劂。振佩紫台之上，鼓袖丹墀之下。采金匮之漏简，访玉山之遗文。[⑨]敝精神于丘坟，尽心力于河汉。[⑩]摛藻期之鞶绣，[⑪]发议必在芬香。兹自美耳,吾无取焉。

尝试论之。夫昆峰积玉,光泽者前毁;瑶山丛桂,芳茂者先折。是以东都有挂冕之臣,南国见捐情之士。[12]斯岂恶粱锦,好蔬布哉,盖欲保其七尺,终其百年耳。今弟官位既达,声华已远,象由齿毙,膏用明煎,[13]既览老氏谷神之谈,应体留侯止足之逸。[14]若能翻然清尚,解佩捐簪;则吾于兹山,庄可办一。得把臂入林,挂巾垂枝,携酒登巘,舒席平山,道素志,论旧款,访丹法,语玄书,斯亦乐矣,何必富贵乎?去矣阳子,途乖趣别,缅寻此旨,杳若天汉。已矣哉,书不尽意。

【注释】

①阳休之(503—582):北朝文学家,历魏齐周隋四代。字子烈,右北平无终(今天津蓟州)人。魏时为员外散骑侍郎,入齐历散骑常侍、中书侍郎、中山太守诸官,齐末为尚书右仆射。齐亡,历周入隋,官至上开府,和州刺史,卒于洛阳。 ②故郡:指涿郡。 ③月松:月下之松。风草:风中之草。缘庭绮合:指松、草萝生庭中如锦绣。 ④日华:日光照射下之花卉。云实:豆科灌木名,借以与月华等对称。 ⑤葱蒨:草木茂盛貌。⑥庄生之逍遥:用《庄子·逍遥游》篇"子有大树,患其无用,何不树之于无何有之乡,广莫之野。彷徨乎无为其侧,逍遥乎寝卧其下"典故。尚子之清旷:指《高士传》载尚子平隐居不仕之事。 ⑦萌蒲:即茅蒲,斗笠。緼袯(bó):蓑衣。 ⑧尘:一作"麈",非。据中华书局标点本《北齐书》校记,当为"抚尘而游",即游于尘俗之中意。 ⑨金匮:代指古代国家藏书之所,以金为匮。《史记·太史公自序》:"紬石室金匮之书。"玉山:见《穆天子传》群玉之山,据郭璞注以为是"往古帝王以为藏书策之府"。 ⑩河汉:语出《庄子·逍遥游》篇:"吾惊怖其言,犹河汉

而无极也。""河汉"喻迂远。 ⑪聱绣:言其绮丽。裴子野《雕虫论》:"箴绣聱悦,无取庙堂。" ⑫东都有挂冕之臣:用逢萌解冠挂东都城门而归典故,见《后汉书·逢萌传》。南国见捐情之士:指屈原怀情不发,自沉汨罗典故。 ⑬象由齿毙:用《左传》襄公二十四年"象有齿以焚其身"典故。膏用明煎:用《庄子·人间世》篇"膏火自煎也"典故。 ⑭老氏谷神之谈:《老子》:"谷神不死。"河上公注:"谷,养也。"谓人能养神则不致于死。留侯:指汉张良,功成后退隐,学辟谷之术求长生。

【品评】

此文作于北魏孝庄帝初年,当时军阀尔朱荣专权,与孝庄帝争权,斗争极为尖锐激烈。祖鸿勋看到了这种形势,就弃官归乡。他的朋友阳休之仍在做官,并且参加了修起居注的工作,祖鸿勋认为这是很危险的事,因此写信给他,劝他一同归隐。

这封信是北朝文人的手笔,所以信中写乡居之乐,和南朝文人不同。南朝文人,大抵对农事很少关心,而在祖鸿勋笔下,乡居之乐除了"褰裳涉涧,负杖登峰","孤坐危石,抚琴对水"等等闲适之事外,还要"首戴萌蒲,身衣缊袯,出艺粱稻,归奉慈亲"。这种生活,倒有点像陶渊明一流人物。所以前人评此文"幽峭玲珑,饶有两晋风力"。此文在极写隐逸的乐趣同时,又写到了阳休之身居仕途的情况。他认为作官"系名声之缰锁,就良工之剞劂",亦即丧失了自己的本性。更可虑的是:"夫昆峰积玉,光泽者前毁;瑶山丛桂,芳茂者先折",忧谗患讥的心情,跃然纸上。行文简洁清新,全无雕琢之气,在六朝骈文中不失为上乘之作。

卢思道(535—586)

字子行,范阳(今河北涿州一带)人。北朝后期文学家,出生于北魏末,历齐、周二代入隋。在齐曾任员外散骑侍郎等职,因性狂放,屡被免官受责。北齐后主末,官至黄门侍郎。齐亡入周,曾与乡人祖伯英等起兵欲反周复齐,事败,赖宇文神举得免。后为武阳太守。入隋,以母老辞官。开皇六年卒。明人辑有《卢武阳集》。

劳生论

庄子曰:"大块劳我以生。"① 诚哉斯言也!余年五十,羸老云至,追惟畴昔,勤矣厥生。乃著兹论,因言时云尔。

罗郡屏居,有客造余者,少选之顷,盱衡而言曰:②"生者天地之大德,人者有生之最灵,所以作配两仪,称贵群品,妍蚩愚智之辩,天悬壤隔,行己立身之异,入海登山。今吾子生于右地,九叶卿族,天授俊才,万夫所仰,学综流略,慕孔门之游、夏,③辞穷丽则,拟汉日之卿、云。④行藏有节,进退以礼,不谄不骄,无愠无怿,偃仰贵贱之间,从容语默之际,何其裕也!下走所欣羡焉。"余莞尔而笑曰:"未之思乎?何所言之过也!子其清耳,请为左右陈之。夫人之生也,皆未若无生。在余之生,劳亦勤止,纨绮之年,伏膺教义,规行矩步,从善而登。巾冠之后，[5]濯缨受署，缰锁仁义，笼绊朝市。[6]失翘陆之本性，丧江湖之远情，[7]沦此风波，溺于倒踬，忧劳总至，事非一绪。何则？地胄高华，既致嫌于管库；[8]才识美茂，亦受嫉于愚庸。笃学强记，聋瞽于焉侧目；清言河泻，[9]木讷所以疚心。岂徒虫惜春浆，鸱吝腐鼠，[10]相江都而永叹，傅长沙而不归，[11]固亦鲁值臧仓，楚逢靳尚，[12]赵壹为之哀歌，张升于是恸哭。[13]有齐之季，不遇休明，申胆就鞅，屏迹无地。段珪、张让，金贝是视；[14]贾谧、郭淮，腥臊可餍。[15]淫刑以逞，祸近池鱼，耳听恶来之谗，足践龙逢之血。[16]周氏末叶，仍值僻王，敛笏升阶，汗流浃背，莒客之踵蹐焦原，匹兹非险，[17]齐人之手执马尾，方此未危。若乃羊肠、句注之道，据鞍振策，[18]武落、鸡田之外，栉风沐雨，[19]三旬九食，[20]不敢称弊，此之为役，盖其小小者耳。

今泰运肇开，四门以穆，冕旒司契于上，夔、龙佐命于下，岐伯、善卷，耻徇幽忧，卞随、务光，悔从木石。余年在秋方，已迫知命，情礼宜退，不获晏安。一叶从风，无损邓林之樻植；[21]双鸟退飞，不亏渤澥之游泳。[22]耕田凿井，晚息晨兴，候南山之朝云，揽北堂之明月。氾胜九谷之书，[23]观其节制；崔寔四人之令，[24]奉以周旋。晨荷蓑笠，白屋黄冠之伍；夕谈谷稼，沾体涂足之伦。浊酒盈樽，高歌满席，恍兮惚兮，天地一指。此野人之乐也，子或以是羡余乎？”

客曰：“吾子之事，既闻之矣。他人有心，又请论其梗概。”余答曰：“云飞泥沉，卑高异等，圆行方止，动息殊致。是以摩霄运海，轻罻罗于薮泽；五衢四照，忽斤斧于山林。余晚值昌辰，遂其弱尚，观人事之陨穫，睹时路之邅危。玄冬修夜，静言长想，可以累叹悼心，流涕酸鼻。

人之百年，脆促已甚，奔驹流电，不可为辞。顾慕周章，[25]数纪之内，穷通荣辱，事无足道。而有识者鲜，无识者多，褊隘凡近，轻险躁薄。居家则人面兽心，不孝不义；出门则谄谀谗佞，无愧无耻。退身知足，忘伯阳之炯戒；[26]陈力就列，弃周任之格言。[27]悠悠远古，斯患已积，迄于近代，此蠹尤深。范卿抑让之风，搢绅不嗣；[28]夏书昏垫之罪，执政所安。[29]朝露未晞，小车盈董、石之巷；[30]夕阳且落，皂盖填阎、窦之里。[31]皆如脂如韦，俯偻匍匐，啖恶求媚，舐痔自亲。美言谄笑，助其愉乐；诈泣佞哀，恤其丧纪。近通旨酒，远贡文蛇，[32]艳姬美女，委如脱屣，金铣玉华，[33]弃同遗迹。及邓通失路，一簪之贿无余；[34]梁冀就诛，五侯之贵将起。[35]向之求官买职，晚谒晨趋，刺促望尘之旧游，伊优上堂之夜客，始则亡魂褫魄，若牛兄之遇兽，[36]心战色沮，似叶公之见龙。[37]俄而抵掌扬眉，高视阔步，结侣弃廉公之第，[38]携手哭圣卿之门。[39]华毂生尘，来如激矢；雀罗暂设，去等绝弦。饴蜜非甘，山川未阻，千变万化，鬼出神入。为此者皆衣冠士族，或有艺能，不耻不仁，不畏不义，靡愧友朋，莫惭妻子。外呈厚貌，内蕴百心，繇是则纡青佩紫，牧州典郡，冠帻劫人，厚自封殖。妍歌妙舞，列鼎撞钟，耳倦丝桐，口饫珍旨。虽素论以为非，而时宰之不责，末俗蚩蚩，如此之敝。

余则违时薄宦，屏息穷居，甚耻驱驰，深畏干没。心若死灰，不营势利；家无儋石，不费囊钱。偶影聊官，将数十载，驽拙致笑，轻生所以告劳也。真人御宇，[40]斫雕为朴，人知荣辱，时反邕熙。风力上宰，内敷文教；方邵重臣，外扬武节。被之大道，洽以淳风，举必以才，爵无滥授。禀斯首鼠，不预衣簪，阿党比周，扫地俱尽，轻薄之俦，灭影窜迹，砾石变成瑜瑾，莨莠化为芝兰。曩之扇俗搅时，骇耳秽目，今悉不闻不见，莫余敢侮。《易》曰：'圣人作而万物睹。[41]'斯之谓乎！"

【注释】

①大块劳我以生：语见《庄子·大宗师》篇。大块，大地。②盱衡：扬眉举目。 ③游夏：指孔子弟子言偃，字子游；卜夏，字子夏。 ④卿云：指汉代辞赋家司马相如，字长卿；扬雄，字子云。 ⑤巾冠之后：巾、冠皆古代成人服饰，此代指成年。⑥缨：冠带。濯缨受署：代指出仕。缰锁仁义，笼绊朝市：指出仕之后，为仁义之道所约束，在朝市中受礼法之拘碍。 ⑦失翘陆之本性，丧江湖之远情：皆指失去自由。用《庄子·马蹄》篇"龁草饮水，翘足而乐，此马之真性也"及《庄子·天运篇》"泉涸，鱼相与处于陆，相呴以湿，相濡以沫，不如相忘于江湖"典故。 ⑧管库：身地卑贱之小吏。 ⑨清言河泻：指善于谈论，语出《世说新语·赏誉》，王衍谓郭象"语议如悬河写水，注而不竭"。 ⑩虫惜春浆：言虫好聚于酸味之浆。《周礼·食医》："凡和，春多酸。"又《荀子·劝学篇》："醯酸而蜹聚焉。"鸱吝腐鼠：用《庄子·秋水》篇"鸱得腐鼠，鹓鸰过之，仰而视之曰'吓'"典故。 ⑪相江都而永叹：指汉董仲舒以耿直不为大用，出为江都王相事。傅长沙而不归：指汉贾谊为绛、灌等大臣所谮，出为长沙王太傅事。 ⑫鲁值臧仓：指鲁平公将见孟子，为嬖人臧仓所沮事，见《孟子·梁惠王下》。楚逢靳尚：指靳尚毁屈原事。 ⑬赵壹为之哀歌：指东汉赵壹《刺世疾邪赋》末，鲁生作歌曰："哀哉复哀哉，此是命矣夫。"张升于是恸哭：《后汉书·张升传》谓张升"其意相合者，则倾身交结，不问穷贱；如乖其志好者，虽王公大人，终不屈从"。恸哭事，未详。 ⑭段珪、张让：皆东汉擅权宦官。 ⑮贾谧、郭淮：郭淮当作郭槐。贾谧为晋

惠帝贾皇后之侄，郭槐为贾后之母，二人皆以外戚招权纳贿。此处似暗指北齐末年之陆令萱及其子穆提婆。 ⑯恶来：商纣之谗臣。龙逢：即关龙逢，夏代直臣。 ⑰莒客之踵跻焦原：用《尸子》“莒国有石焦原者，广寻五十步，临万仞之溪，莒国莫敢近也。有以勇见莒子者，独却行齐踵焉”典故。齐人之手执马尾：《北史·崔仲文传》载，崔仲文从高欢攻西魏，败于沙苑，仲文持马尾渡河，波中乍没乍出。喻危险。 ⑱羊肠：指太行山之路险峻。句注：指雁门山之险峻。策：马鞭。 ⑲武落：当为虎落，避唐讳改。虎落为西北塞外。鸡田：北边荒远之地。卢思道当周武帝死后，与祖英伯等起兵反周，曾出使突厥请救。⑳三旬九食：《说苑·立节篇》：“子思居于卫，缊袍无表，二旬而九食。”陶渊明《拟古诗》：“三旬九遇食。”皆指贫困，此处似指出使之辛苦。 ㉑邓林：《山海经·海外北经》载夸父逐日，“弃其杖，化为邓林”。此处泛指森林。攒植：形容树木之密集。㉒凫：野鸭。渤澥（xiè）：指大海。言两凫退飞，不害众凫之戏水。 ㉓氾胜九谷之书：指农书。氾胜之：西汉成帝时人，《汉书·艺文志》有《氾胜之书》十八篇。 ㉔崔寔四人之令：指东汉学者崔寔，著《四民月令》。 ㉕顾慕周章：综观一生之事，依依眷恋。 ㉖伯阳：老子字。 ㉗周任：周代贤大夫。陈力就列：见《论语·季氏》孔子引周任语：“陈力就列，不能则止。”㉘范卿：指春秋晋卿士匄（范宣子）。㧑让之风：指《左传》襄公十三年载士匄让官故事。 ㉙夏书昏垫之罪：用《尚书·益稷》“下民昏垫”语。昏垫，意为陷溺。 ㉚董、石：指西汉宠臣董贤及弄权宦官石显。 ㉛阎窦：指东汉外戚阎显及窦宪。 ㉜远贡文蛇：用《后汉书·种暠传》典故：“时永昌太守冶铸黄金为文蛇，以献梁冀。” ㉝金铣（xiān）：有光泽之黄金。玉华：晶莹之玉。 ㉞邓通：汉文帝幸臣。文帝死后，景帝籍没其家，“一簪不得着身”。 ㉟梁冀：东汉时擅权之外戚。五侯：汉桓帝诛梁冀，与宦官单超、具瑗、唐衡、左悺、徐璜等五人合谋，故封五人为列侯。 ㊱牛兄之遇兽："兽"本作虎，避唐讳改。据《太平御览》卷八百九十一载，"昔者牛哀病七日，化而为虎，其兄启户而入，虎搏而杀之"。"牛兄"即牛哀之兄。 ㊲似叶公之见龙：用《新序·杂事五》典故：楚叶公好龙，及见真龙，"失其魂魄，五色无主"。 ㊳结侣弃廉公之第：用《史记·廉颇蔺相如列传》典故：廉颇失势后"故客尽去"。 ㊴携手哭圣卿之门：圣卿，汉董贤字。《汉书·董贤传》载，董贤死后，"长安中小民喧哗乡其第哭，几获盗之"。唐颜师古注："阳德哭之，实欲窃盗也。" ㊵真人御宇：真人，仙人。此处指隋文帝统治天下。 ㊶圣人作而万物睹：见《易·乾·文言》，意谓圣人有所制作而万民仰望。

【品评】

这篇文章是卢思道晚年回忆自己平生的经历而作，是一篇出色的刺世之作。文中对北齐、北周两代的统治以及当时的社会风气作了十分尖锐的揭露，与刘峻的《广绝交论》南北相辉，有异曲同工之妙。不过，刘峻所揭露的，主要是一些士大夫的趋炎附势和朋比勾结，对当时的朝廷，并未涉及。这是因为刘峻写作此文时，梁武帝的统治还处于承平之际，因此还不能把矛头直接指向朝廷。卢思道此文则作于隋代，因此已无顾忌，有些地方已发为怒骂。此文中所揭露的齐周社会状况，如写到一些趋附权贵者在所依附的人倒台之后，"始则亡魂褫魄，若牛兄之遇兽，心战色沮，似叶公之见龙"，继而摇身一变，成了"抵掌扬眉，高视阔步，结侣弃廉公之第，携手哭圣卿之门"。不但弃如遗迹，甚至想"趁火打劫"，其无耻之程度，较之《广绝交论》中说到的"量交"，更是有过之无不及。文中对北齐和北周的皇帝，也没有放过，如"有齐之季，不遇休明""周氏末叶，仍值僻王"等段描写，基本上和作者的《北齐兴亡论》《后周兴亡论》一致。对北齐后主、北周宣帝都作了激烈的抨击。本文由于产生在隋代，不能像《广绝交论》那样收入《文选》，产生更大的影响，但从其思想意义及艺术成就来说，实足与刘峻之作媲美。钱钟书先生以此文为隋文压卷是完全正确的。